유언을 남긴 사람들 ❶

소크라테스의
유언은
유머였다

최동훈 지음

공간

유언을 남긴 사람들 ❶

소크라테스의 유언은 유머였다

최동훈 지음

프롤로그

 자신도 모르게 주어진 삶으로 인해 죽음을 맞아야 한다는 것은 얼마나 부조리한가. 이 짧은 단 한 번의 생으로 모든 것과 이별 후 영원히 사라져야 한다니……. 자신이 자신의 존재를 의심해야 하는 이 혼돈 속에서 다만 전율할 뿐이다.

 그나마 위안이 되는 것은 고귀한 사람들이 그래도 이 삶을 살았으며 지금도 살아가고 있다는 사실이다. 한데 그들은 과연 이 삶을 긍정했던 것일까? 이 수수께끼 같은 삶으로부터 무언가 답을 얻어낸 것일까?

 그것을 알아보고 싶었다. 그러다 유언에 착안했다. 영원한 잠이든 무無든 환생이든 또 다른 세계로 옮겨가는 것이든 죽음이라는 그 미지의 경계를 넘어서기 직전, 삶과 죽음이 혼용되는 마지막 순간에 남긴 말이라고 한다면, 그것이야말로 뭔가 실마리가 될 것 같았다. 그래서 역사적으로 고귀하거나 의미 있는 인물들이 남긴 유언을 들여다보게 되었다. 그 덕분에 그들의 생이나 사상에 대해 또 다른 호기심을 갖고 새롭게 다가갈 수 있었다. 그래 그것을 소개해 보려는 마음에서 글을 썼다.

  글의 구성에서는 약간 색다른 방식을 취했다. 각 장마다 〈소설편〉과 〈논설편〉으로 나누었다. '지상에서 보낸 마지막 하루'는 소설식으로, 그들이 남긴 유언을 분석하고 이를 통해 그들의 사상과 생을 소개하는 부분은 논설식으로 글을 썼다. 도입부마다 소설식으로 구성한 데는 두 가지 이유가 있다. 하나는 유언을 남긴 이들과 함께 호흡하며 그들을 더 가깝게 느껴보고 싶었기 때문이다. 《유언을 남긴 사람들》의 첫 편인 『소크라테스의 유언은 유머였다』를 쓰는 동안 나는 아고라 광장을 어슬렁거렸고, 히마티온을 입은 고대 그리스인들 틈에 끼여 소크라테스의 연설을 듣기도 했고, 아크로폴리스 언덕에서 지중해를 내려다보기도 했다. 소설식으로 쓴 또 하나의 이유는 유언을 남긴 이들의 생을 재현하는 데 상상력을 가미하고 싶은 부분들이 있기 때문이다. 『로마인 이야기』의 저자 시오노 나나미의 말로 이런 내 견해를 대변하고자 한다.

  "확실한 사료의 뒷받침이 없으면 다룰 수 없는 학자나 연구자와는 달리 우리는 아마추어다. 아마추어는 자유롭게 추측하고 상상하는 것도 허용된다."

  상상은 미래에 대한 기억인지도 모른다. 그렇다고 유언을 빌미로 고귀한 분들의 깊고 심오한 세계를 감히 휘젓고 다니며 잠을 깨우지나 않았는지 걱정이다.

차 례

지상에서 보낸 마지막 하루 _ 08
소크라테스의 삶과 사상 _ 19
진짜 소크라테스와 가짜 소크라테스
소크라테스 당시의 그리스
유머가 넘치는 괴짜 철학가
소크라테스의 재판 _ 46
소크라테스의 사형 _ 61
불멸의 영혼 _ 71
소크라테스의 유언 _ 77
새롭게 밝혀지는 유언의 의미 _ 82

지상에서 보낸 마지막 하루

 리카베토스 언덕과 아크로폴리스에 막혀 기세가 꺾였던 바람이 방향을 바꿔 아고라 광장 쪽에서 불어오자 답답하던 감방에도 한줄기 서늘한 바람이 들기 시작했다. 그러나 그것은 하루해가 지고 있음을 알리는 전조이기도 했다. 크리톤은 대화에 열중해 있는 사람들 틈을 빠져나와 다시 밖으로 나갔다. 감옥 주변에는 전보다 많은 사람이 몰려와 있었다. 그를 알아본 아테네 시민과 청년들이 감옥 안의 상황에 대해 물어왔다. 크리톤은 짧게 답변하면서 서산 쪽을 바라보았다. 붉은 해의 바퀴는 이미 산마루에 닿아 있었다. 그는 깊은 한숨을 내쉬며 감방으로 들어갔다.

 무슨 이야기 끝인지 안에 모여 있던 면회객들과 크리톤의 친구가 함께 웃고 있었다. 묘한 기분을 느끼며 그는 친구를 바라보았다. 칠

십 나이에 머리는 벗어지고 기력은 쇠약해졌어도 형형한 눈빛과 당당함, 그리고 사람을 웃기는 재주는 여전했다. 그러나 평상시와 너무도 다름없이 행동하는 그를 보면서 크리톤은 저 친구가 과연 오늘 죽을 사람인지 실감이 나지 않았다. 오후 들어서도 그랬다.

독약을 담당하는 간수가 오늘만큼은 친구분이 말을 많이 하지 않게 해 달라고 신신당부하는 것이었다. 흥분하면 독약이 잘 안 받아 두세 잔을 마셔야 할지도 모른다는 얘기였다.
"신경 쓰지 말게. 그럼 두 잔이고 석 잔이고 마시면 될 거 아닌가."
독약이 아니라 마치 술을 대하는 듯한 말투였다.
"그래도 약이 안 받으면 어떻게 되는 거죠?"
아폴로도로스가 진지한 표정으로 물었다.
"설마 넉 잔까지 마시라 하지는 않겠죠?"
크리톤의 아들 크리토블로스가 되물었다.
"만일 넉 잔째도 약발이 안 들면요?"
아이스키네스도 한마디 거들었다.
"스승님이 독주 전문이시라 넉 잔도 거뜬하실 거 같은데."
심미아스가 농담조로 말했다.
"자네들은 내가 두주불사라고 불사신인 줄 아는 모양이군?"
소크라테스가 웃음기 가득한 얼굴로 제자들을 둘러보며 화답했다.
"석 잔까지만 마시세요. 그럼 무효로 해줄 겝니다."
가난뱅이 거지 철학자 헤르모게네스의 어이없는 말에 사람들은 웃음을 터뜨렸다.

　소크라테스가 사형선고를 받기 전날, 마침 아폴론 신에게 제사를 지내러 가는 배가 델로스 섬으로 출발했다. 그 배가 다시 아테네로 돌아오기 전까지 부정을 탈 수 있다 하여 사형 집행을 국법으로 일절 금하고 있었다. 그 바람에 소크라테스는 실낱같은 목숨을 부지한 채 감옥에 갇혀 지내야 했다. 그러나 그는 발목에 사슬을 찬 몸으로 매일 면회객을 맞으면서도 특유의 해학과 즐거움을 잃지 않았다. 오히려 사람들과 하루 종일 철학적 담론을 나눌 수 있는 감방 생활을 즐기는 듯했다. 남들처럼 번듯한 장소도 없이 평생 아고라 광장이나 시장 거리를 돌아다니며 지혜를 전파한 그였다. 드디어 대머리 수염선생이 학교를 마련했다는 우스갯소리가 아테네 시민들 사이에 돌 정도로 그의 제자들이 감옥을 방문하는 것은 일과가 돼버렸다.

　그렇게 20일이 흘렀다. 그동안 델로스 섬으로 떠난 배에 대한 소식은 전혀 없었다. 예년 같으면 벌써 돌아오고도 남을 시간이었다. 아폴로도로스는 아폴론 신께서 자기 스승에게 사형을 선고한 아테네에 벌을 내려 배를 침몰시킨 것이라는 불온한 얘기를 해댔다. 크리톤 역시 마음 한편으로는 그 배가 영영 돌아오지 않기를 바라고 있었다. 그럼 사면될 수도 있지 않을까?

　그런데 그제 배가 수니온곶에 입항했다는 전갈을 받았다. 수니온곶과 아테네까지는 배로 하룻길이었다. 다음 날 새벽 크리톤이 사람들의 눈을 피해 혼자서 몰래 소크라테스를 면회했다. 깜짝 놀라 침상에서 일어나 앉은 소크라테스에게 크리톤이 작은 소리로 속삭였다.

"이보게. 간수들을 다 매수해 놨으니 오늘 밤 이곳을 빠져나가세."

눈이 동그래진 소크라테스가 물었다.

"그게 무슨 소린가? 자네 지금 나보고 탈옥을 하자는 얘긴가?"

"그렇네. 사실 자네에게 사형을 내린 사람들도 지금은 대부분 후회한다더군. 그리고 자네를 고소한 놈들도 속으로는 자네가 국외로 탈옥하기를 바란다는 거야. 자네가 죽으면 결국 자기들이 골치 아프다는 걸 안 게지."

"자네답지 않은 소리를 하는군. 우리는 어려서부터 이 나이 이때까지 아테네가 수호하는 법의 보호를 받으며 잘 살아왔네. 그런데 한순간 자기에게 불리하거나 불이익이 된다고 해서 법을 무시한다면 그래서야 어찌 나라의 시민이라 할 수 있겠나."

"그러니 다른 나라로 도망가라는 거 아닌가?"

"도망가기 전까지는 이 나라의 법을 어기는 거 아닌가. 그리고 다 늙은 마당에 다른 나라로 도망가 거기서 뭘 하라는 말인가. 그래봤자 기껏 일이 년 더 사는 거겠지."

"그런 건 우리가 다 알아서 준비해 놨으니 걱정을 말게."

"그 걱정이 아니라 진짜는 자네들이 걱정돼 죽겠네. 도대체 나의 가르침이라는 게 전혀 소용이 없군."

그러면서 소크라테스는 크리톤에게 탈옥이 정당하다고 자기를 설득시키면 탈옥할 테니 어디 한 번 이야기해 보라고 말했다. 그러나 소크라테스는 크리톤이 말하는 것을 하나하나 반박하면서 결국 그가 두 손 두 발 들게 했다. 소크라테스가 단호히 거절하는 바람에 탈옥도 수포가 되고 이제 모든 것은 하늘의 뜻에 맡길 수밖에 없었다. 마침내 어제 아테네의 피레우스 항에서 배의 귀환을 축하하는 성대한 환영식이 열렸다. 이제 감옥학교도 문을 닫을 때가 온 것이다.

그 순간 갑자기 소크라테스가 목소리를 높이는 바람에 생각에 잠겨 있던 크리톤은 시선을 그에게로 돌렸다.

"어느 비극의 주인공처럼 이제 운명의 소리가 나를 부르는군. 곧 독약을 마셔야 하니 먼저 목욕을 해야겠네. 그래야 내 시신을 씻지 않아도 될 테니."

크리톤은 지금이 기회라고 생각했다.

"이보게, 아이들과 그 밖의 일에 관해 우리에게 뭐 부탁할 거 없나?"

소크라테스는 정겹게 미소를 지었다.

"자네들 자신을 잘 돌보게. 그럼 약속을 하지 않아도 우리 가족을 돌봐 주겠지. 하지만 자네들이 자신을 잘 돌보지 않는다면, 지금, 이 순간 아무리 많은 약속을 한들 무슨 소용이 있겠나."

"알겠네. 그럼 자네를 묻어 주는 일은 어떻게 할까?"

소크라테스는 재미있다는 표정으로 크리톤을 바라보았다.

"날 묻어서 도망 못 가게 하려는 모양이지."

그러면서 그는 웃었다.

"내가 독약을 마시고 죽으면 축복받은 사람들이 있는 곳으로 가게 될 거라고 말하지 않았나? 자네, 내 말을 안 믿는군."

그는 사람들을 둘러보았다.

"저번에는 내가 도망치지 않을 거라고 저 친구가 재판관들에게 보증을 섰는데, 이번에는 내가 도망치게 될 거라고 자네들이 저 친구에게 보증을 서 줘야겠어."

침통한 표정들 사이로 웃음소리가 새어 나왔다.

"그러니 크리톤, 내 육체를 묻는 거지 나를 묻는 거라고는 생각하지 말아 주게. 그렇게만 해준다면 자네 좋을 대로 하게나."

말을 마치고 소크라테스는 침상에서 내려왔다. 크리톤은 동행하려는 사람들을 만류한 다음 혼자 그를 따라갔다. 밖에 서 있던 간수들이 예를 표하는 마음에서 몇 발짝씩 뒤로 물러섰다. 감옥 벽을 따라 돌아가니 약간 낮은 지대에 우물이 나왔다. 소크라테스는 친구를 위에 남겨둔 채 조용히 돌계단을 밟고 내려갔다. 흰 망토 같은 히마티온을 걸치고 검은 땅거미가 깔린 지하로 걸어가는 그의 뒷모습이 마치 저승의 신 하데스에게 내려가는 영혼 같았다.

소크라테스가 목욕을 끝냈을 때, 두 부인의 손에 이끌린 그의 어린 자식들이 마지막 가는 아버지를 보기 위해 찾아왔다. 아침 면회 때 그렇게 애통해하며 울부짖던 소크라테스의 본처인 크산티페는 무척이나 수척한 모습이었다. 두 여인네는 조용히 아들들을 앞으로 떠밀며 연신 눈물을 훔쳤다. 소크라테스는 손자 같은 어린 두 아들을 한 번씩 안아 주고 장성한 큰아들과 아내들에게 몇 가지 당부의 말을 남긴 다음 그들을 돌려보냈다.

곧이어 사형집행인이 들어왔다.

"뭐라 드릴 말씀이 없습니다."

❶ 소크라테스의 유언은 유머였다

험상궂은 인상과는 달리 그는 낮고 침통한 음성으로 입을 열었다.

"다른 사람들은 제가 독약을 마시라고 하면 저를 욕하고 저주하지요. 그래서 저도 그들에게 화를 내곤 합니다. 하지만 선생님은 다르십니다. 선생님은 진짜 책임이 누구에게 있는지 잘 아시기 때문에 저를 원망하신 적이 없지요. 제가 온 이유도 잘 아실 겁니다. 그럼…… 운명의 짐을 지고 마음 편히 가십시오."

이렇게 말하면서 그는 고개를 숙여 인사를 하더니 눈가를 훔쳤다.

"자네도 잘 있게, 나도 잘 가겠네."

돌아서 가는 사형집행인을 가리키며 소크라테스는 사람들을 향해 명랑하게 말했다.

"좋은 친구야. 저 친군 나와 자주 이야기를 나누었는데, 언제나 내게 친절했어. 지금도 나를 위해 진심으로 울어주는 걸 보게. 그러니 크리톤, 그의 말에 따라야지. 약이 준비되었거든 가져오게."

소크라테스의 말에 크리톤은 사색이 되었다.

"아니, 이보게. 아직 밤이 되지도 않았네. 남들은 독약을 마시라는 명령을 받고도 음식을 가져와 배불리 먹지를 않나 심지어 여자를 사서 함께 지내다가 느지막해서야 마시네. 서두르지 말게나. 시간은 넉넉하니까."

"이미 죽을 목숨, 더 연장하거나 매달리는 건 웃음거리밖에 안 되네. 그러니 내 말대로 해주게."

"제발, 조금만 더 계세요."

뒤에 서 있던 아폴로도로스의 간청이었다. 하지만 노인은 미소를 지으며 제자를 바라보았다.

"순간이 영원이고 영원이 순간일세."

그 말을 듣는 순간 파이돈은 감정이 엉켜 눈물이 핑 돌았다. 인간의 목숨이 이렇듯 '조금'에라도 매달려야 한다는 것이 참으로 서럽게 느껴지면서도, 죽음을 저토록 편안히 받아들이는 스승의 행동에 묘한 긍지가 느껴졌다.

소크라테스가 재촉하는 눈빛을 보내자 더는 어쩔 도리가 없다고 생각한 크리톤은 데리고 온 젊은 노예에게 눈짓했다. 노예는 머리를 숙이고 뒷걸음질 치면서 조용히 감방에서 빠져나갔다. 아무도 이야기하지 않는 가운데 사람들은 석고상처럼 앉아 있었다. 죽음을 목전에 둔 고요가 흘렀다. 소크라테스는 눈을 감고 깊은 명상에 잠겨 있었다. 그의 영혼은 이미 떠나고, 늙고 지친 육신의 껍질만이 침상 위에 덩그러니 남아 있는 것 같았다.

한참 후 밖으로 나갔던 노예가 다시 돌아왔다. 그의 뒤를 이어 간수가 헴록이라고 독미나리를 갈아 만든 독약을 들고 왔다. 순간 얼어붙은 사람들의 시선이 일제히 대접 같은 잔으로 쏠렸다. 지금까지 상상하고 가정하고 추측해 온 죽음이 저 조그만 잔에 담겨 있는 것이었다. 아폴로도로스는 스승이 감당해야 할 죽음의 몫이 단지 저것뿐이라면 당장 독약을 가로채 자기가 마셔버리고 싶었다.

"자네는 이런 일에 밝을 테니 어떻게 하면 좋을지 일러 주게."

소크라테스가 간수에게 말했다.

"마신 다음 다리가 무거워질 때까지 그저 걷기만 하시면 됩니다.

다리가 무거워지면 누우세요. 그러면 약 기운이 돌 겁니다."

간수는 소크라테스에게 잔을 건넸다. 그는 아무런 동요도 없이 태연하게 잔을 받아들었다. 사람들은 모골이 송연해짐을 느꼈다.

"신에게 드리는 뜻으로 한 방울 떨어뜨려도 될까?"

소크라테스의 부탁에 간수는 미안한 표정을 지었다.

"선생님, 여기서는 마실 만큼만 만듭니다."

"그래, 그렇다면 저세상으로 가는 여행을 위해 기도를 드릴 수는 있겠지?"

그는 두 손으로 잔을 받쳐 들어 올린 다음 그것을 잠시 바라보더니 엄숙하게 말했다.

"내 기도대로 이루어지기를……."

소크라테스는 그 말이 끝남과 동시에 잔을 입술에 갖다 댔다. 예상치 못한 상황에 사람들은 놀라 입이 벌어졌다. 말리고 말고 할 겨를도 없었다. 그는 죽음에 갈증을 느낀 사람 같았다. 그렇지만 경건한 자세로 마지막 한 방울까지 침착하게 독배를 들이켰다. 크리톤은 가슴이 미어졌다. 그는 울음을 억제할 수 없어 일어나 밖으로 나갔다. 눈을 점점 크게 뜨며 소크라테스를 지켜보던 파이돈은, 스승이 잔에서 입술을 떼는 동시에 참았던 눈물을 왈칵 쏟아 냈다. 벽에 기대선 아폴로도로스와 에피게네스도 어깨를 들먹이며 큰 소리로 흐느껴 울고 있었다. 심미아스와 케베스를 비롯해 그곳에 있던 나머지 사람들도 걷잡을 수 없는 슬픔에 휩싸였다. 멀리서 절규하는 여인들의 비명 같은 소리가 들려왔다. 그러한 격정과 격랑 속에서도 침상에

앉아 있는 소크라테스만은 꼿꼿했다.

"이게 뭐 하는 짓인가? 이상한 사람들일세. 이런 창피스러운 꼴을 보일까 봐 여자들을 내보낸 건데 더 하는구먼. 사람은 모름지기 조용히 죽어야 한다고 들었네. 모두 진정하고 차분하게 행동하게."

소크라테스가 그렇게 말하자 사람들은 부끄러운 생각이 들어 울음을 멈추었다. 눈물과 콧물로 뒤범벅이 된 아이스키네스도 옷소매로 얼굴을 닦으며 몸을 추슬렀다. 소요가 가라앉자 밖에 나갔던 크리톤이 다시 안으로 들어왔다. 노안으로 침침한 그의 두 눈은 벌겋게 충혈되어 있었다.

침상에서 내려선 소크라테스는 감방 안을 천천히 걷기 시작했다. 사람들은 재빨리 자리에서 일어나 비켜섰다. 한참을 거닐던 그는 다리가 무겁다고 말하며 다시 침상 위로 올라가 앉았다. 핏기가 사라진 그의 얼굴에 죽음의 그림자가 검게 드리워지고 있었다. 소크라테스는 침상 옆에 있던 하얀 보를 끌어당겨 자신의 다리를 덮은 다음 반듯이 누우면서 그것을 머리끝까지 덮어썼다. 사람들은 어찌할 바를 몰라 간수를 쳐다보았다. 그는 소크라테스에게 다가가 발과 다리를 살펴본 다음 발바닥을 세게 누르면서 감각이 있냐고 물었다. 하얀 보 아래서, "없네." 하는 소리가 힘겹게 새어 나왔다. 크리톤은 가슴이 철렁 내려앉았다. 간수는 다시 다리를 주물러보더니 몸이 차갑게 굳어가고 있다고 말했다.

"독이 심장에까지 미치면 마지막입니다."

감방 안이 술렁거리면서 다시금 슬픔의 코러스가 일기 시작했다.

그때였다. 소크라테스가 손을 힘겹게 빼더니 자신의 얼굴을 덮은 보를 거둬내는 것이었다. 독으로 검게 탄 그의 얼굴에서 입술이 천천히 움직였다.

"이보게, 크리톤."

소크라테스가 부르는 소리를 들은 크리톤은 슬픔을 가까스로 억누르며 침상으로 바싹 다가갔다. 친구를 올려다보는 소크라테스의 얼굴에 언뜻 따뜻한, 그러면서도 생의 한가운데를 관통하는 미소가 어리는 듯했다.

"우리는 아스클레피오스에게 닭 한 마리를 빚졌네. 잊지 말고 갚아 주게나."

이렇게 말하면서 소크라테스는 다시금 하얀 보로 얼굴을 덮었다. 처음에는 무슨 말인지 어리둥절하던 크리톤은 이내 그 의미를 깨닫는 순간 어이가 없어 헛웃음이 날 뻔했다.

"그러지. 그리고 그밖에 다른 말은 없나?"

소크라테스의 삶과 사상

진짜 소크라테스와 가짜 소크라테스

"이보게, 크리톤. 우리는 아스클레피오스에게 닭 한 마리를 빚졌네. 잊지 말고 갚아 주게나."

이것이 소크라테스가 독배를 들고 죽어가며 남긴 마지막 말이다. 삶의 최후를 마감하는 비장함이 느껴지기보다는 그저 일상사로 주고받은 평범한 대화의 한 토막 같은 유언이다. 유언에 격식을 따지는 것은 무의미한 일이지만 그래도 왠지 격이 떨어지는 느낌을 떨칠 수가 없다. 더구나 이 유언을 남긴 사람이 누구인가. 바로 서양 철학의 대명사라 할 수 있는 소크라테스다. 그런데 심오한 의미와 성찰의 내용을 남기기는커녕 닭 한 마리를, 그것도 빚으로 남기고 있다. 죽은 자의 마지막 말에는 그의 집약된 인생이나 정신이 화석처럼 찍혀 있으리라고 보는 일반적인 상식과 통념을 뒤엎는 듯하다. 과연 소크라테스는 자신의 유언에다 유언으로서의 가치와 비중을 전혀 두지 않았던 것일까.

이것이 소크라테스의 수준을 반영하는 것이라는 지적들이 있다. 알고 있는 것과 달리 소크라테스가 심오하고 고매한 사람이 아니다 보니 유언의 내용이 그럴 수밖에 없다는 얘기다. 그들이 말하는 소크라테스는 길거리에서 만나는 사람마다 붙잡고 선이 어떻고, 덕이 어떻고, 용기가 어떻고 하며 결론도 나지 않는 형이상학적인 담론과 실없는 농담만을 일삼았지, 실상은 사상체계가 전혀 없는 겉만 철학자라는 비난들이다.

사실 소크라테스에게는 '소크라테스 문제'라 일컬어지는 골치 아픈 문제가 한 가지 있다. 소크라테스의 글은 단 한 줄도 전해오는 것이 없다. 그의 선대 철학자들도 단편적인 글들을 남겨 후대에 전하고 있는데, 유독 소크라테스의 이름으로 남은 글은 단 한 자도 없다. 그런 것으로 보아 그가 사상적인 편력을 글로 펼치지 않았음은 분명하다.

장자莊子가 죽은 성인들이 남긴 글이란 술찌꺼기라 했듯이 소크라테스는, 글이란 죽어버린 지식을 전하는 것일 뿐, 진실은 그 사람과 직접 나누는 대화를 통해서만 주고받을 수 있다고 보았다. 그러면서 정작 소크라테스 본인은 남들이 쓴 책을 읽기도 했다. 물론 이런 거론조차도 소크라테스의 제자들과 후대 역사가들이 남긴 기록으로 알 수 있을 뿐이다.

소크라테스에 관한 제자들의 글로는 서양 철학의 대부라 할 수 있는 플라톤과 군인이자 역사가인 크세노폰의 글이 전해 온다. 그런데 기록에 따라 내용과 수준에 큰 차이가 있다 보니, 과연 누구의 기록을 어느 정도 받아들여야 하는가의 문제가 생겼다. 이것을 철학사에서는 '소크라테스 문제'라고 한다. 특히 《플라톤의 대화편》으로 전해 오는 대화체 기록 방식은 그런 문제를 더욱 심화시켰다. 그 글들은 주로 소크라테스가 형이상학적인 주제를 놓고 상대방과 벌인 대화 내용을 기록한 것이다. 그런데 대부분 내용이 플라톤 자신의 사상을 피력하는 쪽으로 흐르고 있다. 그 결과 어디까지가 소크라테스의 사상인지 종잡을 수 없게 되고 말았다. 그러니 사실 소크라테스에게는 아무 책임이 없다고 할 수 있는데 오히려 이것이 비난의 빌미가 되었다. 플라톤과 같은 천재 제자를 만난 덕분에 과대 포장된 것이지 사실은 속 빈 소크라테스가 아니겠냐는 얘기들이다.

"너 자신을 알라!"

소크라테스의 트레이드 마크가 된 명구다. 이 말을 처음 한 사람은 탈레스라는 설도 있고, 스파르타의 현인 킬론이 델포이에 있는 아폴론 신전의 현관 입구에 새겨 넣은 문구라는 설도 있다. 사실 여부야 어쨌든 소크라테스는 이 말을 철학 하는 자의 실천덕목으로 삼아 행동으로 옮긴 철학가다.

소크라테스는 사람이 올바른 지혜를 갖기 위해서는 먼저 자기 자신의 무지를 철저히 자각해야 한다고 가르쳤다. 자신이 모르고 있음을 알아야지, 자신이 모르고 있다는 사실조차 모르면서 어떻게 올바른 지식을 받아들일 수 있겠냐는 것이다. 자신의 무지를 깨달은 사람은 겸허하고 순수한 마음으로 보편타당한 지혜를 받아들인다. 하지만 그렇지 못한 사람은 알량한 지식을 뽐내거나 자기만이 옳다고 주장하며 더 깊이 들어있는 삶의 본질과 정수를 무시한 채 수박 겉만 핥으며 헛되이 살아갈 뿐이다.

너 자신을 알라! 이 말은 마치 주인공인 양 착각에 빠진 사이비 인간들을 경계하고, 결국은 존재의 조연일 수밖에 없는 인간이 철저한 자기반성과 함께 살아가야 한다는 경고의 메시지인 것이다.

자기 자신을 알아본바 '인간은 아무것도 모른다.'라는 사실에서 한 가지 결론을 도출할 수 있다. 아무것도 모르는 인간이 어떻게 사상체계를 마련할 수 있으며, 개인의 주관적 판단에 근거한 사상들이 과연 보편타당할 수 있냐는 얘기다. 이 때문에 소크라테스는 의도적으로 자신의 사상체계를 구축하지 않았다고 볼 수 있다. 그럴 수도 없고 그럴 필요도 없기 때문이다.

소크라테스의 독특한 대화 방식도 지식을 전달하기보다는 사람들에게 무지를 자각하게 하려는 성격이 강했다. 그는 길거리, 시장, 연회장, 운동장, 극장, 체력단련장 등 어디서든지 군인, 시인, 학자, 상인, 정치가, 작가 등 누구와도 상관없이 대화를 나누었다. 소크라테스는 상대방과 이야기할 때 자연스럽게 대화를 자기가 원하는 쪽으로 유도해 갔다. 그런 다음 상대방이 한 이야기를 가지고 다시 그에게 질문을 던져 그의 주장에 문제점이 있음을 보여주었다. 이것을 '소크라테스의 문답법'이라 한다.

그렇게 해서 자신의 무지를 자각하게 된 사람들은 마치 다시 태어난 기분을 맛보았다. 반면 자신의 무지를 인정하기 싫어하는 사람들은 오히려 소크라테스에게 속은 기분이 들어 화를 내기 일쑤였다. 하지만 소크라테스는 개의치 않았다. 그는 쏟아지는 오해와 비난을 무릅쓰고 묵묵히 자기식의 문답법을 개진해 나갔다.

소크라테스는 자신의 역할을 산파에 비교했다. 새 생명을 태어나게 하려고 산모가 산고를 겪듯, 참다운 진리를 탄생시키기 위해서는 개개인이 정신적 고통을 겪을 수밖에 없다. 산파였던 그의 어머니가 새 생명의 탄생을 도왔듯, 소크라테스도 사람들 곁에서 참다운 진리의 탄생을 돕는 보조자일 뿐이라는 것이다. 이런 무지의 자각은 글로 깨우쳐 줄 수가 없다. 그것은 대화를 통해서만 가능한 일이었다. 그래서 소크라테스에게는 글이 필요 없었다.

사상이 부족한 탓에 소크라테스에게서 사상체계를 그려볼 수 없다는 비난들은, 소크라테스가 애초에 사상체계를 세우지 않으려 했다는 사실을 간과한 데서 나온 것이다. 사상체계가 필요 없다는 것, 이것이 소크라테스의 철학이다. 또한, 사상체계를 세운다는 것은 사상의 업적을 쌓는다는 말이기도 하다. 한데 이 위대한 사상가는 업적은커녕 글 한 줄조차 남기지 않음으로써 자기 소신에 한 점의 오점도 남기지 않으려 했다. 다만 눈을 감으면서 소크라테스가 남긴 것이라고는 빚진 닭 한 마리뿐이었다.

소크라테스 당시의 그리스

소크라테스가 태어나기 전 아테네는 그리스 남부에 있는 아티카 지방의 수도로서 작은 도시국가에 불과했다. 그러다 기원전 594년 솔론이 집정관이 되면서 아테네는 변하기 시작했다. 솔론은 귀족정치를 몰아내고 재산에 따라 시민을 네 등급으로 분류하여 합당한 권리를 부여했으며 채무노예 제도를 폐지하는 등 이른바 '솔론의 개혁'을 단행했다. 이로써 그리스 본토에 산재해 있는 폴리스 중에서 민주 형태의 도시국가가 처음 등장한 것이다.

여기서 그리스 본토라고 칭한 것은 그리스 식민도시와 구분하기 위해서다. 그리스 본토는 대부분 산악지대여서 경작지는 산간분지와 하구평야에만 국한되어 있었다. 당연히 초기 개척민들 사이에 좋은 영토를 선점하기 위한 각축전이 전개됐고 그 과정에서 패하거나 더 나은 터전을 얻으려는 부족들은 그리스 밖으로 눈을 돌렸다. 그로 인해 가까운 소아시아—오늘날의 터키—나 이탈리아, 이집트 연안에 많은 식민도시가 생겨났다. 그리스 식민도시는 원주민을 지배하는 형태의 식민지와 달리 자국민들이 직접 그 땅에 정착하여 그리스화한 도시들이었다.

도로망과 교통수단이 열악한 고대에는 육로보다 해로가 빠르게 발달할 수밖에 없었고, 그런 점에서 삼면이 바다로 둘러싸인 그리스는 일찍부터 해양으로 눈을 돌리기 좋은 위치였다. 그리스 신화로 전해오는 아르고호의 이야기 등은 이들 민족이 거친 파도를 뚫고 미지의 세계를 정복하는 바다의 모험을 그린 글이기도 하다. 그렇다고 해서 바다에 접해 있는 반도국들이 모두 그리스와 같았던 것은 결코 아니다. 그리스 민족이 서양 고대사에서 가장 찬란한 문명을 탄생시킬 수 있었던 것은 다름 아닌 지중해 덕분이었다.

지중해는 유럽, 아프리카, 아시아 삼 개 대륙에 둘러싸여 있다. 그중 반도국인 그리스는 지정학적으로 식민도시의 거점을 확보하여 대외무역과 문화발전에 유리한 위치였다. 더구나 고대의 항해술을 고려할 때, 그리스 본토는 다른 대륙들과 아주 적정한 거리에 있었다. 특히 에게해에는 많은 섬이 있어 그리스 본토와 아시아 대륙을 징검다리처럼 연결해 주었다. 그리스 문화의 영향을 받은 로마가 팍스 로마나(Pax Romana, 로마의 평화)로 상징되는 대제국을 건설할 수 있었던 것도 한층 발달한 항해술을 통해 지중해를 자국의 내해로 삼을 수 있었기 때문이다. 만약 대륙과 거리가 너무 멀었거나 망망대해에 있었다면 그레코 로만Greco-Roman이라 불리는 그리스·로마 문명을 장담할 수 없었을지 모른다. 지도를 보면 재미있게도 그리스는 마치 물방울을 튀기며 고대의 바다에 발을 푹 담그고 있는 가운데, 먼저 발을 뺀 로마는 중세를 향해 거대한 일보를 내딛는 형상이다.

크레타섬에서 미케네로 옮아간 그리스 문명은 이즈음에 와서 본토보다 소아시아의 식민도시를 중심으로 한층 더 발전하는 양상을 보였다. 그럴 수밖에 없는 것이 소아시아는 동방과 서방, 이집트라는 삼 개 대륙의 교차점에 있는 덕분에 서로 다른 문화가 한데 어우러져 놀라운 발전을 이룰 수 있었다. 그중에서도 동·서양의 문물이 들고나는 관문 구실을 한 이오니아 지방은 일찍부터 천문학, 계량법, 역법, 산술 등 각 대륙의 발달한 학문과 사상이 쏟아져 들어와 그곳 현지인들은 수준 높은 지식을 누렸다. 해양민족답게 진취적이고 독립적이며 상상력이 풍부한 기질에다 그리스 본토와 떨어져 있는 개방적인 사고가 그들만의 자유로운 사상을 개진할 수 있는 길을 열어주었다. 바야흐로 이러한 바탕에서 서양사상의 모태가 된 철학이 태어났다.

철학이라는 말은 그리스어 필로소피아Philosophia에서 유래한다. 그것은 '사랑하다'라는 뜻의 필로스Philos와 '지혜'라는 뜻의 소피아Sophia가 합쳐진 단어다. 즉 필로소피아는 '지혜를 사랑하다'라는 의미다. 그것이 한자문화권에서는 일찌감치 서양문물을 받아들인 일본인들의 번역으로 '철학哲學'으로 통용되고 있다.

만물의 근본 원소가 물이라고 한 탈레스를 비롯해 아낙시만드로스, 아낙시메네스 등 철학의 씨를 뿌린 일군의 사상가들이 처음 활동했던 무대는 밀레토스였다. 밀레토스는 이오니아 지방의 남단에 있는 무역항으로, 그곳 문화의 중심도시였다. 이 도시 이름을 따 그들을 밀레토스 학파라 불렀다. 밀레토스에서 태동한 철학의 첫 모양새는 자연과학과 어우러진 것이었다. 이천 오백 년이 지난 지금도 물리학자들이 물질을 구성하고 있는 근본 원소를 찾고 있듯 서양 역사상 최초의 사상가들 역시 물질을 이루는 근본 원소를 규명해 자기들이 사는 세계를 설명하고자 했다. 그것을 보여주듯 특히 천체에 관심이 많았던 탈레스에게 전해 오는 재미있는 일화가 하나 있다. 여느 때와 마찬가지로 탈레스는 밤하늘에 신비롭게 펼쳐진 별들을 관찰하며 걷

다가 그만 발을 헛디뎌 물웅덩이에 빠지고 말았다. 그러자 등불을 들고 곁에서 따라오던 똑똑한 하녀가 웃으면서 말했다.

"발 앞의 웅덩이도 못 보는 분이 어찌 하늘의 일을 알려 하세요."

그리스 본토를 사이에 두고 소아시아 반대쪽 이탈리아 남부에 있던 식민도시 엘레아에서도 일군의 학파가 등장했다. 크세노파네스, 파르메니데스, 제논 등으로 대표되는 엘레아 학파는 기존의 종교와 사상에 대해 훨씬 비판적이었다. 그들은 그리스의 다신을 부정하고 유일신을 주장했으며, 자연철학자들이 말하듯 근본적인 원소의 운동으로 만물이 생성·변화한다는 것은 감각의 오류일 뿐, 존재는 공간에 가득 차 있으며 그것을 인식할 수 있는 사유만이 옳은 것이라 보았다.

이처럼 그리스 식민도시에서 발달한 사상의 물결은 기원전 5세기에 들어서면서 큰 변화를 겪는다. 오리엔트의 패권을 쥔 페르시아가 소아시아를 점령해 버린 것이다. 그 바람에 자유로운 사상 활동에도 구속과 제약이 따르자 많은 철학자가 에게해를 건너 그리스 본토로 이동하기 시작했다. 그것을 더욱 앞당기는 계기가 된 것은 서양 고대사에 거대한 한 획을 그은 페르시아 전쟁이었다.

막강한 권력과 부를 누리던 고대 페르시아 제국은 지중해권으로 세력을 뻗쳐 그리스 본토에 대한 본격적인 침략을 감행했다. 하지만 기원전 492년부터 기원전 478년 사이 세 차례에 걸친 대접전은 아테네의 수군과 스파르타의 보병이 주축이 된 그리스 연합군의 승리로 끝났다. 특히 기원전 490년에 치른 마라톤 전투는 아테네의 위상을 한껏 드높였다. 에게해를 가로질러 마라톤 평야에 상륙한 2만 5천의 페르시아군은 1만 명으로 중무장한 보병들이 밀집대형을 구사한 아테네군의 전술에 참패하고 말았다. 그때 올림피아 경기의 달리기 선수 출신인 아테네 병사 페이디피데스는 마라톤에서 아테네까지 40km의 거리를 단숨에 달려와 승전보를 알린 후 숨을 거두었다. 이것이 계기가 되어 근대에 와서 마라톤 대회가 생겼는데, 세계에서 단 한 나라만은 마라톤을 금하고 있다. 바로 페르시아의 후신인 이란이다.

페르시아 전쟁에서 승리의 주역이 된 아테네는 2백여 곳이 넘는 폴리스의 맹주로 떠올랐다. 기원전 478년 아테네가 중심이 되어 그리스 도시국가 간에 델로스 동맹을 맺었다. 이로써 아테네는 명실상부한 그리스의 패권 국가가 되었으며, 동맹의 자금을 관리함으로써 막강한 번영을 누리게 되었다. 특히 아테네의 위대한 정치가 페리클레스가 통치한 기원전 460년부터 기원전 430년 사이를 '페리클레스의 황금시대'라 한다.

안정과 평화가 지속하는 가운에 페리클레스는 국가를 위해 일할 관원들을 희망자 중에서 추첨으로 선발했으며, 그들에게 서양 역사상 처음으로 녹봉을 지급했고, 시민들의 참정권을 늘리는 등 아테네의 민주정치를 더욱 발전시켰다. 또한, 도시계획을 시행하여 아테네의 구획을 나누고, 도로와 항구를 정비하고, 집회를 위한 광장을 확장하였으며, 신전과 극장, 공회당, 학교, 목욕탕 등을 세웠다. 문화육성에도 남다른 열정을 보여 연극과 음악제를 무료로 개방하고 축제를 개최하는 등 각종 예술 활동을 권장했으며, 유명한 학자들을 데려와 아테네의 젊은이들에게 지식을 가르치게 했고 자유로운 집회를 허용하여 사상의 발전을 가져왔다. 이로 인해 지혜의 도시 아테네는 그리스 철학과 문화의 중심지로 떠오를 수 있었다.

이렇게 아테네의 황금기가 막 도래할 때쯤인 기원전 469년에 소크라테스가 탄생했다. 그의 집은 아테네에서 걸어서 반 시간 거리에 있는 리카베투스 산기슭의 알로페케라는 곳이었다. 그의 집안은 아테네 시민의 세 번째 계급에 해당하는 중산층에 속했다. 아버지는 집 장식품을 제작하는 석공이었으며 어머니는 산파였다. 부모가 모두 아테네 시민이었기 때문에 소크라테스도 많은 권리를 누릴 수 있는 아테네 시민이 될 자격을 갖추었다.

그는 태어날 때부터 이마가 벗겨진 짱구에다 왕방울만 한 눈과 짜부라진 주먹코 하며 광대뼈가 툭 튀어나온 못생긴 얼굴이었다. 하지만 아무리 잘생긴 얼굴도 영혼보다 잘생긴 얼굴은 없다. 소크라테스는 바로 그런 인물이었다. 그는 자기 인생을 책임질 나이가 되자 지혜로 인해 영혼의 아름다움이 돋보이는 인물이 되었다. 소크라테스의 주변 사람들은 그를 자주 숲의 늙은 요정 실레노스와 비교했다. 주신 디오니소스의 스승답게 실레노스는 항상 술에 취해 얼굴은 불그스레하고 수염은 더부룩하지만 언제나 지혜가 넘쳐나는 노인으로 그려진다. 어느 날 프리지아의 왕 미다스가 포도주를 먹여 취하게 한 다음 실레노스에게 지혜를 구했다. 기분 좋게 취한 노인은 이렇게 말했다고 한다.

인간의 가장 큰 행복은 태어나지 않는 것이며
태어났으면 빨리 죽는 게 상책이다.

소크라테스가 어렸을 때였다. 어느 날 갑자기 그의 귀에 이상한 소리가 들렸다. 처음에는 환청인 줄 알았으나 그 소리는 계시의 내용을 담고 있었다. 그런데 신기하게도 무엇을 하라는 얘기는 없고 항상 무엇을 하지 말라는 얘기만 들렸다. 그 소리는 평생 소크라테스를 따라다니며 그의 행동을 제어했다. 소크라테스 자신은 그 소리를 '다이모니온Daimonion'이라 불렀다. 다이모니온은 다이몬적인 것, 즉 신적인 것 또는 신과 인간의 중간 존재를 나타내는 그리스어다. 어찌 보면 신내림을 경험한 것일 수도 있고 내면에서 울려 나오는 양심의 소리일 수도 있겠다.

어른 소크라테스를 통해 반추해 볼 수 있는 어린 소크라테스는, 남을 잘 웃기고 명랑하며 의지가 강하면서도 자기만의 독특한 세계를 가진 아이였을 것으로 여겨진다. 길을 가다가도 갑자기 멈춰 서서 꼼짝 않고 골똘히 생각하는 버릇은 이미 어릴 때부터 나타난 행동일 것이다. 이러한 성격과 다이몬적인 요소를 합성해 볼 때 소크라테스는 남보다 자아 집중도도 강하고 남다른 아이였을 것으로 판단이 된다. 우울하고 소심한 아이들이 자기만의 내면세계에 갇혀 있는 것이 자폐증이라면, 자아 집중력은 자기 내면의 세계와 현실의 세계를 자유롭게 넘나들며 그 둘을 종합해서 자기에게 필요한 원칙을 찾아내는 힘이다. 하지만 소크라테스에게 있어서 그 힘은 하라는 쪽이 아니라 하지 말라는 쪽으로 작용했다. 그것은 혹시 원칙이 잘못 적용된다고 하더라도 피해를 최소화할 수 있는 안전장치 같은 것으로 여겨진다. 즉 굳이 해서 후회하기보다는 아쉽더라도 하지 않는 쪽을 택하겠다는 생활철학이 밑바탕에 깔려 있다.

소크라테스가 보낸 청소년 시절은 아테네의 황금기였다. 당시 아테네인들은 자유와 평화를 만끽하며 국가가 제공하는 최상의 권리와 문화 혜택을 누렸다. 외지인과 노예, 여성들에게는 제약이 따랐지만 페르시아 전쟁에 참전해 공을 세운 아테네 남성들에게는 역사상 유례없는 발언권과 참정권을 부여했다. 18세만 되면 아테네 남성들은 국가 최고 기관인 민회에 참가해 관리선출, 전쟁, 강화와 같은 국가 중대사를 결정하는 투표권을 행사할 수 있었다. 그리고 누구나 극장에서 연극을 관람하고, 운동장에서 5종경기를 관전할 수 있었다. 또한, 국가관이 올바른 젊은이를 양성하기 위해 국가에서는 정책적으로 문예를 접할 수 있는 교육환경과 체력을 연마할 수 있는 체육시설을 제공했다. 이러한 사회 분위기는 성장 과정에 있는 소크라테스의 행동발달에 여러모로 영향을 끼쳤음이 틀림없다. 소크라테스 역시 친구들과 어울려 집회가 열리는 아고라 광장과 아크로폴리스를 기웃거리며 정치가와 사상가들의 연설을 귀동냥하고 체력단련장과 극장을 들락거리며 건강한 육체와 건강한 정신을 연마했을 것이다.

소크라테스는 젊은 시절에 잠시 가업인 조각 일을 배운 것 말고는, 인생을 올바르게 살아가는 법을 배우기 위해 평생을 철학에 바쳤다. 처음 그는 자연철학에 흥미를 갖고 만물의 근본 원인을 알아보려

했다. 하지만 이러한 연구가 여러 가지 이론과 논리만 내세웠지 실질적으로 인간존재에 대해 아무런 설명을 해주지 못하고 있음을 깨달았다. 그래서 소크라테스는 지금까지 이어져 오던 자연철학에서 과감히 벗어나 인간에 대한 철학을 전개했다. 그렇다고 해서 그가 인간의 실존 문제를 다룬 것은 아니고, 인간존재에 대한 철학적 반성을 시도했다고 보면 될 것이다.

소크라테스는 인간의 영혼, 인간 공동의 선, 인간의 행복, 용기 등 인간존재와 직결되는 관념적인 것들에 관한 탐구를 선도하기 시작했다. 이런 점에서 소크라테스는 형이상학의 시조라 할 수 있다. 소크라테스의 제자인 플라톤은 스승의 사조에서 훨씬 더 형이상학적으로 나아가 이데아론을 주장하기도 했다. 그리고 형이상학의 학문체계를 구축한 사람은 플라톤의 제자인 아리스토텔레스였다. 사유를 통해 존재 일체의 궁극적 원리를 탐색하는 이 학문을 아리스토텔레스는 '제1 철학'이라고 불렀다. 서기 1세기경 안드로니코스가 아리스토텔레스의 전집을 편찬하면서 '제1 철학'에 관한 책을 자연학Physica 다음meta에 놓았다 하여 형이상학Metaphysics이라고 부르게 되었다. 오늘날에 와서는 경험적이고 감각적인 자연을 초월한다는 의미로 통용되고 있다.

소크라테스의 삼십 대 시절은 아테네의 번영이 거의 절정에 달하던 때였다. 해상무역의 주도권을 쥔 이 지혜의 도시로 지중해권에 속한 모든 배가 들락거리며 온갖 인종과 진귀한 물품, 문물을 실어 날

랐다. 마치 현대판 뉴욕과도 같은 곳이었다. 다르다면 자유의 여신상 대신 지혜의 여신상인 아테나가 아크로폴리스 언덕에서 아테네를 굽어보고 있다는 것뿐이었다.

신과 노예들의 가호 아래 아테네 시민들이 최고로 치는 덕목은 무위도식이었다. 부자가 아닌 소크라테스도 그것을 자랑삼았다. 육체적으로 힘들고 귀찮은 일은 아테네 시민의 몇 배 되는 노예들의 몫이었다. 걸음이 느릴수록 권위가 선다고 생각한 아테네 남성들은 어깨와 겨드랑이를 거쳐서 발목까지 내려오는 히마티온을 입고 소일거리를 찾아 도시의 중심가로 몰려들었다.

새파란 하늘을 배경으로 높다란 아크로폴리스 언덕 위에 서 있는 하얀 대리석의 파르테논 신전은 아테네인들의 신심을 자극하고도 남았다. 신전 앞에는 신탁을 구하러 온 사람들로 장사진을 이루었다. 언덕 아래 펼쳐진 아고라 광장은 또 다른 장관이었다. 광장은 언제나 민회에 참석하기 위해 아티카 지방 각지에서 모여든 사람들, 배심원단에 뽑혀 법정에 출석한 사람들, 군중들 앞에서 일장 연설을 퍼붓는 논객들, 회랑의 그늘에 편안한 자세로 둘러앉아 철학적 담론을 주고받는 사람들과 장사꾼들로 북적거렸다.

사회 분위기가 이렇다 보니 사회적인 유행도 그런 추세를 따랐다. 무리 속에서 돋보이고 싶은 본능적인 욕망으로 인해 사람들의 옷 색깔은 다양해지고 치장은 늘어갔으며 교양이 강조됐다. 특히 상대방과 대화할 때 화법과 화술이 중요하게 다루어졌다. 이것이 점점 발달해 마침내 말솜씨와 글솜씨를 길러주는 수사학이라는 학문이 태어났다.

수사학이 학문으로까지 인정받게 된 것은 아테네의 재판제도 덕분이기도 했다. 직접민주주의 제도를 시행하는 아테네에서는 재판도 특정 법관이 아니라 헬리아이아라는 배심원단에게 맡겨졌다. 사전매수를 방지하기 위해 6천 명으로 구성된 후보군 중 재판 당일에 추첨으로 뽑힌 5백 명의 배심원단은 고소인과 피고인의 직접 변론을 들어 본 다음 가부표결로 죄를 판결했다. 유죄로 확정될 경우 고소인이 제시한 형량과 피고인이 원하는 형량을 놓고 다시 배심원단이 표결하는데, 이 경우 피고인에게는 최종변론의 기회가 주어졌다. 이처럼 변론의 역할이 중요하다 보니 변론술을 가르치거나 변론 원고를 작성해 주는 직업이 각광받게 되었으며, 그런 일에 종사하는 학자들을 '소피스트Sophist'라 불렀다.

소피스트는 지혜를 의미하는 소피아가 합성된 말이다. 피아노를 치는 사람이 피아니스트라면 소피스트는 지혜를 두드리는 사람, 즉 지자智者들을 가리켰다. 소피스트들은 수사학이야말로 가장 실용적인 학문이라 하여 수강료를 받고 그것을 사람들에게 가르쳤다. 그들은 해박한 지식과 유창한 언변, 교양 있는 태도로 당시 아테네 시민들의 인기를 독차지했으며 그로 인해 많은 부를 누릴 수 있었다. 반면에 부귀와 명예를 경계하고 겸손과 검소를 강조한 소크라테스는 자신을 필로소피아, 즉 지혜로운 자가 아니라 지혜를 사랑하는 자라고 불렀다. 그는 지나친 언변과 궤변을 일삼으며 사변적이기도 한 소피스트들의 수사학과 자신의 철학을 구분했다.

소크라테스의 철학은 대화를 통해 무지를 자각하고 올바른 진리를 지향하며 실천적인 행동을 강조하는 내용이었다. 소피스트가 철학을 인간의 지적능력을 계발하고 지식을 활용하는 수단으로 삼았다면, 소크라테스는 철학을 인간존재에 대한 자기반성의 계기로 삼았다. 더욱이 그는 후학을 위해 평생을 무보수로 봉사함으로써 철학가의 자세가 어떠해야 하는지를 몸소 보여주었다. 소크라테스의 철학은 행동철학이며 실천철학이었던 셈이다. 자연에 대한 관찰과 사색을 통해 인간의 사고를 한 차원 높은 곳으로 끌어올린 그리스 철학은 소크라테스에게 와서 인간 중심의 학문으로 자리매김을 하게 된 것이다. 그런 소크라테스에게 아테네에서 가장 지혜로운 자라는 신탁이 하사된 것은 지극히 당연한 일이라 하겠다.

소크라테스의 친구 아말 카이레폰이 어느 날 아폴론 신을 모시는 델포이 신전에 가 신에게 물었다. "소크라테스보다 지혜로운 자는 없습니까?" 그러자 무녀를 통해 "아무도 없다."라는 신탁이 떨어졌다. 이 말을 전해 들은 소크라테스는 당혹스러웠다. 지혜롭다는 사람들이 넘쳐나는 세상에서 자기보다 지혜로운 자가 없다는 것은 있을 수 없는 일이라 생각했다. 그런데 어째서 신이 그런 신탁을 내렸는지 궁금했다. 그래서 그는 아테네에서 가장 지혜롭다는 사람을 찾아가 그 사실을 확인했다. 그런데 그와 대화를 나눠본 결과 소크라테스는 그가 지혜롭지 않다는 것을 알았다. 소크라테스는 거기서 멈추지 않고 다른 지혜로운 이들을 찾아보기로 했다.

그는 먼저 정치가들을 찾아가 대화를 나눠보았다. 그들은 자신의 사상과 이념에 빠져서 자기들의 이야기만이 옳지 상대방의 이야기는 귀담아들으려 하지 않았다. 그다음은 시인들을 찾아갔다. 그런데 그들이 시를 짓는 것은 지혜에 의해서가 아니라 재능과 영감에 의존해서였다. 시인들은 자기가 쓴 글의 뜻이 무엇인지도 제대로 몰랐다. 끝으로 소크라테스가 찾아간 전문 기술자들은 자기들만의 전문지식을 지혜인 양 착각하고 있는 사람들이었다.

소크라테스는 신탁이 틀리지 않았다는 결론에 도달했다. 왜냐하면, 지금껏 소크라테스가 만나 대화를 나눠본 사람들은 누구 하나 예외 없이 자기가 잘 알고 있다는 착각에 빠져있을 뿐 자기가 모른다는 사실을 전혀 모르고 있었다. 반면에 소크라테스는 자기가 모른다는 사실을 잘 알고 있었다. 소크라테스는 신이 자기가 아테네에서 가장 지혜롭다고 하는 것은 바로 이 점을 염두에 둔 말이라는 것을 알았다. 이것이 그 유명한 무지에 대한 자각, 즉 '무지의 지知'였다. 이때부터 소크라테스는 자신뿐 아니라 다른 이들을 위해 다음과 같은 말을 실천적인 행동 강령으로 삼았다. "너 자신을 알라!" 그렇지만 소크라테스가 그 사실을 지적하면 할수록 자신의 지적 체면을 훼손당했다고 생각하는 사람들은 그를 꼴 보기 싫어했고 미워하기 시작했다.

유머가 넘치는 괴짜 철학가

철학의 새로운 길을 개척한 소크라테스는 생김새는 물론이고 풍김새도 남달랐다. 놀랍게도 그에게서는 그 어떤 엄숙함이나 비장함

같은 분위기가 별로 느껴지지 않았다. 존재의 근원을 고민하느라 고리타분할 수밖에 없고 신의 섭리를 근심하느라 근엄할 수밖에 없는 얼굴이 철학자들의 초상이다. 그런데 철학자들 모두를 대표할 수 있는 이 위대한 철학가에게서 오히려 굉장한 유머 감각을 발견할 수 있다는 것은 정말로 흥미롭고 신기한 일이기까지 하다. 권위적인 것과는 전혀 상관없이 소크라테스의 실명이 오늘날까지 사람들의 별명으로 오르내리는 것을 보아도 그렇다. 누군가에게 '소크라테스!'라는 별명을 지어 부를 때, 놀랍게도 그 이름에서는 웃음과 즐거움이 되살아난다.

이천 오백 년이 지나서도 전혀 퇴색되지 않는 소크라테스의 매력은 과연 무엇일까. 그것은 바로 그의 괴짜 기질과 유머 감각, 지혜에 대한 열정에서 비롯된다고 할 수 있다. 물론 소크라테스 정도의 기질과 감각을 보인 인물들은 역사적으로도 수두룩하다. 그보다 지혜로운 인물들도 상당수 된다. 하지만 그만큼 이 모두를 고루 겸비한 인물은 손가락에 꼽을 정도다. 한마디로 소크라테스는 개성과 해학, 지혜가 샘처럼 넘쳐나는 철학가였던 셈이다.

철학가는 맑은 정신상태를 유지해야 하며 몽롱하거나 취해 있어서는 안 된다고 하면서도 소크라테스는 술을 좋아했다. 마셨다 하면 두주불사로 아무도 당할 자가 없었다. 놀라운 점은 밤새워 마셔도 소크라테스가 취한 것을 본 적이 없다는 사실이다.

아가톤이 그의 연극으로 상을 받아 잔치를 벌인 적이 있었다. 소크라테스를 비롯한 주빈들은 대화를 나누다 술을 마시게 되었고, 스승인 소크라테스를 따라 하기 좋아하는 맨발의 사나이 아리스토데모스는 너무 피곤한 나머지 먼저 잠에 떨어졌다. 아리스토데모스가 새벽닭 소리에 눈을 떠보니 다들 돌아가고 아가톤과 아리스토파네스, 소크라테스만 남아서 왼편에서 바른편으로 큰 사발을 돌려가며 술을 마시고 있었다. 소크라테스는 동일한 사람이 동시에 희극도 지을 수 있고 비극도 지을 수 있다는 사실을 두 사람에게 설명하고 있었다. 마침내 아리스토파네스도 잠들고 날이 밝을 무렵 아가톤도 곯아떨어졌다. 그때야 자리에서 일어난 소크라테스는 그들을 편안히 눕히고 체력단련장인 리케이온으로 가서 사우나를 한 다음 평소처럼 그날 하루를 보내고는 저녁에 집에 가서 쉬었다고 한다.

당대의 지성들인 플라톤과 파이돈, 안티스테네스 등 많은 젊은이가 이처럼 유머와 지혜가 넘치면서도 말과 행동이 일치한 소크라테스에게 매료되어 제자가 되기를 자청했다. 훗날 장군이자 역사가이기도 한 크세노폰은 젊은 시절 방탕한 생활을 즐겼다. 어느 날 좁은 길에서 그와 마주친 소크라테스가 물었다.

"생선을 어디서 파는지 아는가?"

"시장에서 팔죠?"

"인간을 명예롭게 하는 곳은 어딘지 아는가?"

"모릅니다."

"그럼 나를 따라오게."

그렇지만 소크라테스는 별도의 학파를 만들거나 형식적이고 독단적인 사상에 얽매이지 않았다. 생활 자체도 검소해 평생 단벌에 맨발로 아고라를 활보했다. 그렇지만 일부러 꾸미거나 과장된 방식은 경계했다. 다 헤진 누더기를 이불 대용으로 걸치고 다니는 안티스테네스에게 일침을 놓기도 했다.

"옷의 구멍을 통해 자네의 허영이 엿보이네그려."

소크라테스는 어디서나 사람을 만나면 바른 지혜를 갖도록 독려했고, 청년들을 불러놓고 진리를 설파했다. 그렇다고 해서 모든 사람이 그를 다 좋아하는 것만은 아니었다. 근대 독일 철학자 니체는 생의 문제에는 등을 돌린 채 누워서—그리스 사람들은 잔칫집에 가면 누운 채로 음식을 먹으며 담소를 나눴다— 인간의 도덕, 영혼, 선 따위의 형이상학적인 담론만을 나누는 소크라테스의 태도가 못마땅했던 듯싶다. 소크라테스가 결혼을 했다는 사실에 대해서도 니체는 불만이었다.

철학자들은 결혼을 혐오한다. 결혼이란 최적상태로 이르는 통로에 놓여진 방해물이며, 재난이다. 지금껏 위대한 철학자로 일컬어졌던 사람들 중에 결혼한 자가 있었던가? 헤라클레이토스, 플라톤, 데카르트, 스피노자, 라이프니쯔, 칸트, 쇼펜하우어—그들은 결혼을 하지 않았다. 더구나 그대들은 결혼한 그들을 상상할 수조차 없는 것이다. 결혼한 철학자들은 희극에 속한다는 것이 나의 주장이다—그런데, 소크라테스? 악의 있는 소크라테스는 아이러니컬하게 이러한

나의 주장에 시위하기 위해서 결혼한 것처럼 보인다.[1]

    소크라테스는 나이 오십에 장가를 들었다. 그가 이렇게 늦장가를 간 이유는 크게 알려진 바가 없다. 필시 연분이 맺어준 조화거나 있으면 있는 대로 없으면 없는 대로 살아가는 그의 스타일 덕분이리라. 소크라테스가 결혼하기 전에 그 나이 때까지 크게 한 일이라고는 두 가지 정도가 될 것 같다. 하나는 하루 온종일 철학적인 담론을 나누며 유유자적하는 생활이겠고, 또 하나는 의외지만 중장비 보병으로서 국가의 병역 의무를 필한 일이었다. 검과 방패를 든 소크라테스를 상상하면 잘 그려지지는 않지만, 그는 용감무쌍한 용사였다.

    아테네에서는 시민권을 가진 18세부터 60세 사이의 성인 남성이면 누구든 병역의 의무를 졌다. 군장비는 국가부담이 아니라 재산 정도에 따라 본인들이 분담했다. 말을 살 수 있는 제1 계급은 보통 기마병으로, 제2 계급 이하는 중장비 보병이나 수병으로 복무했다. 복무라 해서 상시 근무가 아니라 전쟁 발발 시 소집돼 전장에 배치되는 비상 근무 체제였다.

    아테네가 맹주 자리를 놓고 스파르타와 맞붙은 펠로폰네소스 전쟁 중인 기원전 432년 소크라테스는 서른일곱의 나이로 원정대에 징집돼 델로스 동맹에서 탈퇴하려고 하는 포테이다이아라는 작은 도시국가를 진압하러 갔다. 그곳은 끔찍할 정도로 추운 곳이었다. 하지만

---

[1] 니체, 《도덕의 계보》, 김태현 옮김, 청하, 1982, 115쪽

소크라테스는 늘 입고 다니던 외투만 걸치고 다녔으며, 심지어는 얼음 위를 맨발로 걸어다녔다. 신발을 신은 병사들보다 더 잘 걸어 다니자 일부 병사들은 자기들을 얕보는 행동이라며 뒤에서 소크라테스를 헐뜯기도 했다.

한번은 여름이었는데 부대가 길을 잃고 산속에 고립된 적이 있었다. 그 와중에 버릇이 발동한 소크라테스는 한자리에 서서 붙박인 채 깊은 생각에 잠겨 버렸다. 정오가 지났는데도 그는 자리를 뜰 줄 몰랐다. 저녁이 되자 신기하게 생각한 이오니아 출신 병사들이 그가 언제까지 서서 꼼짝도 하지 않을지 지켜보기 위해 밖에다 잠자리를 폈다. 밤이 지나고 동이 트자 소크라테스는 그제야 태양을 향해 기도를 드린 후 그 자리를 떴다.

소크라테스는 또 전투 중에 부상해 쓰러져 있는 알키비아데스의 목숨을 구해준 일이 있었다. 알키비아데스는 소크라테스의 제자로, 후에 최고 사령관의 지위에까지 오른 인물이었다. 언제 어디서 적의 창과 활이 날아올지 모르는 판국에 소크라테스는 제자의 무기까지 챙겨 들고 나왔다. 알키비아데스는 자기의 목숨을 구해준 스승에게 상을 내리도록 장군들에게 간청했으나, 소크라테스는 오히려 그 공을 알키비아데스에게 돌렸다. 결국 소크라테스는 공로를 인정받아 아테네를 갔다 올 수 있는 포상휴가를 얻었다.

소크라테스는 사십오 세가 되던 해에도 델리온 전투에 징집됐다. 전투에 패한 많은 아테네군이 한데 뒤엉켜 후퇴하고 있을 때였다. 라케스라는 무장과 함께 있던 소크라테스는 전혀 두려운 기색 없이 의

연한 자세로 사방을 경계하며 조심스럽게 뒤로 물러서고 있었다. 만약 적이 공격해 들어오면 언제든지 자기를 방어할 만반의 각오가 되어있는 태세였다. 그의 용기 있는 모습은 서로 뒤엉킨 전쟁터에서도 단연 눈에 띄었다. 적은 혼비백산하여 도망가는 병사를 쫓지 그런 용사는 오히려 피해 가는 법이었다. 소크라테스가 끝으로 암피폴리스 전투에 징집됐을 때, 그의 나이 사십칠 세였다. 마침내 전투병으로 참가할 나이가 지난 오십 세에 독신 딱지를 뗀 것을 두고, 친구들이 결혼하니 좋냐고 놀리면 소크라테스는 이렇게 응대하곤 했다.

"결혼하든 독신으로 살든 선택은 자유야. 하지만 후회하기는 마찬가질세."

당시 여성들도 얼굴 생김새보다는 개성과 유머 감각이 넘치는 사람을 좋아해서 그랬는지 소크라테스에게는 두 명의 아내가 있었다. 한 명은 남편 덕분에 역사적인 악처로 유명세를 치르고 있는 크산티페이고, 또 한 명은 아리스티데스의 딸 미르토이다. 소크라테스의 장인이 되는 아리스티데스는 청렴결백하고 강직하기로 소문난 정치가였다.

페르시아 전쟁 직전 아테네를 이끌던 아리스티데스와 관련된 이야기가 있다. 당시 아테네는 도편추방제라 하여, 추방대상자의 이름을 도자기 파편에 써내면 그중에서 가장 표가 많이 나온 자를 10년간 해외로 추방하는 제도가 있었다. 어느 날 도편추방 투표장에서 한 시골 사람이 아리스티데스에게 다가와 도자기 파편을 건네며 자기가 글을 몰라 그러니 여기다 아리스티데스를 써달라고 했다. 아리스티데스는 그에게 아리스티데스가 누군지 아느냐고 물었다. 시골 사람은 그가 누군지 잘 모르지만, 사람들이 아리스티데스를 칭찬하는 소리가 하도 지겨워 이름을 적어내는 것이라고 대답했다. 아리스티데스는 도편에 자기 이름을 써 주었다. 그 해에 그는 국외로 추방됐다.

이런 아리스티데스의 딸이 너무 고생스럽게 사는 것이 보기 딱해 데려왔다는 얘기가 있지만, 그와 달리 둘째 부인은 한갓 거리의 여자에 불과했다는 설도 있다. 어쨌든 소크라테스는 이 두 명의 여자에게서 세 명의 아들을 보았다. 인구증산을 위해 국가가 정책적으로 다혼과 다산을 장려하던 시절이었던 만큼 소크라테스는 결혼에서도 국민의 의무를 충실히 이행했다. 그렇지만 그는 가정에서 모범적인 남편은 아니었던 듯싶다. 돈벌이에는 관심도 없이 항상 밖으로 돌며 사람들과 어울려 노닥거리기만 하고 거기다 첩까지 꿰차고 들어오니 본처인 크산티페로서는 울화가 치밀 만도 했다. 그래서 어느 날 기회다 싶어 그동안 쌓인 바가지를 긁어 댔다. 하나 남편은 멀뚱히 돌아앉은 채 묵묵부답이다. 밖에서는 약장수로 소문난 양반이 집에만 오면 돌부처니, 홧김에 크산티페는 옆에 있던 항아리를 들어 남편에게 물벼락을 안겼다. 그러자 소크라테스가 말했다.

"천둥 다음에 소나기구만."

"아니, 어떻게 그런 여자와 사십니까?"
알키비아데스는 자신이 연모하는 스승에게 툭하면 바가지를 긁는 크산티페가 좋게 보일 리 없었다. 그러나 제자의 질문에 소크라테스는 특유의 해학을 곁들여 대답하고 있다.

"길들이는 걸세. 아주 거친 말을 길들이다 보면 다른 말을 길들이기는 더 쉽지 않겠나. 아내를 다룰 정도면 광장이나 길거리에서 만나는 사람들을 다루기란 식은 죽 먹길세."

"그래도 용케 잘 참으십니다."

"길드는 거지. 도르래가 툴툴거리는 소리처럼 계속해 듣다 보면 귀에 익는 법이네."

그런데 사람들은 이런 몇 가지 사례만 듣고 크산티페를 악처의 대명사로 각인시켜 버렸다. 과연 그녀는 악처였을까? 오히려 소크라테스와 크산티페는 우리가 알지 못하는 교감과 신뢰가 밑바탕에 깔린 부부였는지도 모른다. 특히 물벼락까지 날린 사건은 오십이 넘은 남편과 결혼한 젊은 아내의 장난기 어린 앙탈처럼 느껴지기도 한다.

소크라테스가 독배를 들던 날도 그렇다. 크산티페는 아침 일찍 막내아들을 품에 안고 남편과 마지막 작별인사를 하기 위해 감옥을 찾았다. 간수에게 사정해 겨우 감방 안으로 들어간 그녀는 남편 앞에서 아무 말도 못 하고 하염없이 눈물만 쏟았다. 시간이 돼서 면회객들이 감방 안으로 몰려들자 크산티페는 더욱 슬피 울어대기 시작했다.

"여보! 이제 친구분들이 당신과 이야기하는 것도 이것이 마지막이군요."

결혼하고 이십 년 동안 그녀가 지겹도록 본 것이라고는 남편이 사람들과 얘기하는 모습뿐이었다. 그런데 막상 오늘 이후로 그 모습을 더는 볼 수 없다고 생각하니 그마저 아쉬운 마음에 가슴이 미어졌다. 아내가 몹시 슬퍼하자 소크라테스가 크리톤에게 부탁했다.

"크리톤, 사람을 시켜 아내를 집에 데려다주게."

크리톤의 노예 하나가 그녀를 부축해서 데리고 나갔다. 크산티페는 몸부림치며 울부짖었다.

"여보, 당신은 죄가 없어요. 부당하게 죽는 거라구요."

그녀의 울부짖는 소리가 커다란 반향을 일으키며 감방 안을 울리자 소크라테스는 무덤덤한 표정으로 대꾸했다.

"그럼, 당신은 내가 정당하게 죽길 바라오?"

소크라테스의 재판

 기원전 399년 2월, 소크라테스는 청년들을 부패시키고, 국가가 신봉하는 신들을 믿지 않으며 다이몬이라는 색다른 것을 신봉했다는 혐의로 법정에 섰다. 평생 한 번도 기소돼 본 적이 없는 그로서는 감당하기 어려운 일이었다. 자기 자신이 죄를 짓거나 남에게 해를 끼칠 만한 사람이 아님을 스스로 확신하는 바였다. 칠십 노인이 될 때까지 신에 대한 믿음을 의심받은 적이 없었다. 그런데 왜 저들이 자기에게 누명을 덮어씌우려 한단 말인가. 하지만 그것은 고소장에 적힌 내용일 뿐 그 이면에는 정치적 이해관계가 복잡하게 얽혀 있었다.

 기원전 411년부터 소크라테스가 재판에 넘겨질 당시까지 십 년이 약간 넘는 기간 아테네는 두 번의 쿠데타, 펠로폰네소스 전쟁 패배, 30인 독재 정권의 수립과 전복, 민주정 재수립 등 일련의 정치적 사건으로 무척 혼란스럽던 시기였다. 그 와중에 정치적 입장을 달리하는 많은 사람이 숙청되거나 국외로 추방됐다. 독재 정권 시절에는 그런 일들이 강제로 집행되기도 했지만, 시민들이 직접 주권을 행사하는 민주정 아래에서는 그럴 수 없었다. 그렇다 보니 법정이 정적제거의 합법적 수단으로 악용되는 실정이었다.

소크라테스를 기소한 자들은 멜레토스라는 젊은이와 아뉘토스, 뤼콘 세 사람이었다. 이 중 주목할 사람은 아뉘토스였다. 그는 가죽업자 출신으로 민주정 재건에 선봉적인 임무를 수행한 정치가였다. 목숨을 걸고 민주정을 쟁취한 아뉘토스와 그의 혁명 세력들은 현재의 과도기적인 상황에서 아테네가 다시 과두정치나 귀족정치로 돌아가지 않을까 노심초사했다. 그랬기 때문에 체제 수호에 방해가 되는 사람이면 누구를 막론하고 제거하려 들었다.

아뉘토스 일파는 민주정을 위협하는 많은 정치적 소요에 소크라테스가 어떤 식으로든 관계된 것으로 보았다. 그렇게 의심하는 첫 번째 이유는 소크라테스가 민주정을 반대하고 귀족정치를 옹호한다고 믿었기 때문이다. 사실 소크라테스는 검증되지 않은 다수결에 의해 국가 중대사가 결정되고 올바른 소수의 의견이 사장되는 직접민주제의 불합리한 점을 경계했다. 군중심리에 휩쓸린 무분별한 배심원단의 표결로 죄 없는 인재들이 사형을 당하거나 추방되는 사례를 누차 목격한 소크라테스로서는 당연한 생각인지도 모른다. 심지어 전쟁을 수행 중인 장군들까지도 기소가 결정되면 재판에 소환하는 바람에 패전의 원인을 자초하는 경우가 허다했다. 이런 문제점을 없애기 위해서는 말을 잘 부리는 마부에게 말을 맡기듯 정치도 잘 훈련된 전문가 집단에게 맡겨야 한다는 것이 소크라테스의 소신이었다. 소크라테스가 민주정을 반대한다고 의심을 사게 된 또 하나의 이유는 그에게 사상적 가르침을 받은 제자들 대부분이 귀족정치를 옹호하는 귀족 가문의 자제들이라는 사실이었다.

대표적인 인물이 크리티아스였다. 기원전 404년 펠로폰네소스 전쟁에서 승리를 거둔 스파르타는 아테네의 민주정을 폐쇄하고 크리티아스를 필두로 한 30인 독재 정권을 수립했다. 크리티아스는 8개월가량의 짧은 통치 동안 무려 2천 명에 가까운 아테네인을 숙청했다. 플라톤의 사촌인 그는 젊은 시절 소크라테스의 제자였다.

그보다 전으로 거슬러 올라가 기원전 411년에는 4백 인의 축소의회가 무정부 상태나 다름없던 아테네를 4개월가량 무단통치한 사건이 있었다. 아테네가 이와 같은 공황기에 빠진 것은 시칠리아 원정에서 사상 유례없는 대참패를 당하면서 국고와 국력이 바닥났기 때문이었다. 당시 원정군을 이끌었던 알키비아데스는 헤르메스 신상 파괴혐의로 국가의 소환을 받자 스파르타로 도망하여 국가기밀을 누설하고 적국의 군사고문으로 활약했다. 이렇듯 알키비아데스의 배신은 아테네를 위기로 몰고 간 중대한 원인이 되었다. 최고의 귀족 가문 출신인 알키비아데스 역시 소크라테스의 제자였다.

군인이자 유명한 산문가인 크세노폰은 기원전 401년 스승인 소크라테스의 만류를 뿌리치고 그리스의 적국이었던 페르시아 용병에 지원하여 숱한 전쟁을 이끌었다. 스승이 처형된 후에는 스파르타군에 참여하여 조국에 칼을 겨누기도 했다.

소크라테스에게서 많은 영향을 받은 플라톤은 어리석고 폭력적인 대중들에 의해 선동되는 민주정치를 중우정치라고 비하했다. 소크라테스가 처형된 후 생명의 위협을 느낀 그는 잠시 국외로 피신하기도 했다.

아뉘토스와 그 일파는 이처럼 영향력이 강한 소크라테스의 사상이 계속해서 아테네의 귀족 청년들에게 전파될 경우 민주정에 위험요소가 되리라 판단했다. 한데 아이러니한 일이지만 30인 독재 정권 때 최고 실권을 쥐고 있던 크리티아스도 과거의 스승인 소크라테스를 위험인물로 간주했다.

30인 독재 정권은 자국민들을 공조자로 엮기 위해 반대파 숙청에 시민을 강제로 동원했다. 소크라테스도 네 명의 아테네인들과 함께 독재자들에게 불려가 살라미스 출신의 레온이라는 원로를 잡아 오라는 명령을 받았다. 네 명의 아테네인들은 레온을 체포하러 갔다. 하지만 불의의 편에 가담하기를 거부한 소크라테스는 명령을 무시하고 그냥 집으로 돌아와 버렸다. 화가 난 크리티아스는 소크라테스를 소환해 '테크네 로곤Techne logon(토론기술)' 금지법을 보여주면서 앞으로 그가 30세 이하의 청년들과 대화하는 것을 금하도록 명령했다. 소크라테스의 자유로운 사상이 젊은이들을 선동하기라도 하면 그들 정권에 좋을 게 없었기 때문이다.

민주정 수뇌인 아뉘토스 역시 같은 생각이었을 것이다. 하지만 그는 토론을 금하는 조치로는 안심할 수가 없었다. 마침 또 다른 쿠데

타가 발발할 것이라는 소문이 도는 상황이었다. 소크라테스라는 상징적인 인물을 공개적으로 처단함으로써 귀족세력의 준동을 사전에 차단함과 더불어 정권에 대한 비판을 서슴지 않는 노철학가의 입을 영원히 다물게 할 필요가 있었다. 그들은 소크라테스를 법정에 불러 세울 죄목을 궁리한 끝에 청년들을 타락시킨 부패죄와 신을 불신하는 불경죄로 낙찰을 보았다. 청년들을 타락시켰다는 항목의 행간에는 그의 젊은 제자들이 국가에 해를 끼쳤다는 반감도 서려 있었다. 그리고 피해자인 양 멜레토스 같은 젊은이를 전면에 내세워 소크라테스를 기소했다. 기소자는 500명으로 구성된 배심원단 앞에 출두해 재판을 받게 되어있었다. 그리고 직접 자기를 변론해야 했다.

"아테네인들이여!"
이 말을 서두로 소크라테스는 법정에서 변론을 펼쳤다. 그는 자기에게 손해가 될 수 있음을 잘 알면서도 일반적으로 배심원들에게 하는 존칭을 생략했다. 그동안 무작위로 선출된 아테네의 배심원들이 무고한 사람들을 숱한 범법자로 몰고 간 데에 대한 우회적인 비난의 표시였는지도 모른다. 처음부터 그가 배심원들의 선처를 바랄 심사였다면 "배심원 여러분!"이라고 말했어야 옳았다. 배심원으로 참석한 아테네 시민 중에는 불쾌감을 느낀 자들도 있었을 것이다. 하지만 이것은 시작에 불과했다.

소크라테스는 먼저 이번 고소가 있기 훨씬 전부터 자기가 또 다른 고소에 시달려 왔다는 얘기를 꺼냈다. 그것은 시인, 작가, 정치가 등 일군의 지식인층이 소크라테스에게 퍼붓는 중상을 일컬음이었다. 소크라테스의 친구였던 아말 카이레폰이 델포이 신전에 가서 소크라테스보다 현명한 자가 없다는 신탁을 받아온 이후 일부는 건방지기 그지없다며 소크라테스를 흉보기 시작했고, 소크라테스와의 대화를 통해 자존심에 상처를 입은 이들은 소크라테스를 미워하기 시작했다.

소크라테스는 멜레토스의 고소내용에 대해 직접적인 반론에 들어갔다. '내가 청년들을 부패시킨다면 청년들을 훌륭하게 만드는 사람들은 누구인지' 그는 멜레토스에게 물었다. 멜레토스는 '여기 계신 배심원들, 나아가 정무심의회 사람, 민회의원 등 소크라테스를 뺀 모든 아테네 사람들이 청년들을 훌륭하게 만든다'고 말한다. 이에 대해 소크라테스는 말의 비유를 들어 얘기했다. '모든 사람이 말을 훌륭하게 다루는가, 그렇지 않으면 말을 잘 다룰 줄 아는 사람만이 그렇게 하는가. 그처럼 모든 사람이 청년들을 훌륭하게 만들 수 있다면 그것은 청년들을 위해 매우 다행한 일이기는 하지만 그건 멜레토스가 청년들을 염려한 적도 없으며, 그 문제에 관해 관심을 가져 본 적도 없음을 드러낼 뿐'이라고 소크라테스는 통박했다.

소크라테스의 반론은 그 자리에 있는 배심원들이 모두 청년들을 훌륭하게 만드는 사람은 결코 아니라는 의미이기도 했다. 그리고 소크라테스는 자기가 해악을 끼쳤다면 해를 입은 사람들을 증인으로 데려올 것을 요청하면서 오히려 플라톤을 비롯한 많은 젊은이와 친구들이 자기를 돕기 위해 법정에 나온 사실을 주지시켰다.

신을 믿지 않는다는 고소내용에 대해서도 소크라테스는 말의 비유를 들어 반론을 펼쳤다. 망아지는 있지만, 말은 없다고 생각하는 사람이 있을 수 없듯이 다이몬이라는 신의 자녀는 믿으면서 신을 믿지 않을 수 없다는 것이 반론의 요지였다.

소크라테스는 배심원들을 향해 결국 기소 내용은 사실이 아니라는 것을 역설했다.

"저를 유죄가 되게 하는 것이 있다면, 그것은 멜레토스도 아뉘토스도 아니라, 바로 이것, 즉 많은 사람의 중상과 질투입니다. 또한, 이것이 많은 선량한 사람을 유죄로 만들었고 앞으로도 계속 만들 겁니다. 결코, 내가 마지막이 되지는 않을 것입니다." [2]

아뉘토스는 앞선 변론에서 소크라테스를 기소한 이상 반드시 사형에 처해야 한다며, 그렇지 않다면 그를 기소하지도 않았을 거라는 점을 강조했다. 기소 내용보다는 기소 사실을 갖고 배심원들을 호도했다. 즉 자기들이 기소한 내용이 맞는지 안 맞는지는 부차적인 문제고, 우선은 기소한 이상 소크라테스를 죽일 건지 살릴 건지를 결정하자는 식이었다. 만약에 소크라테스에게 죄가 있다 하더라도 그가 잘못을 뉘우치게 하고 개선하도록 선도하는 것이 아니라 무조건 그를 죽이는 것이 기소 목적임을 분명히 한 것이다. 소크라테스도 이 음모에 맞서 자신의 태도를 분명히 밝혔다. 만약 아테네인들이 자기를 풀어주는 조건으로 그가 청년들을 가르치는 일이나 철학을 탐구하는 일을 더는 하지 말라고 하더라도 자기는 그 조건을 받아들이지 않을

---

[2] 플라톤, 《플라톤의 대화》, 최명관 옮김, 종로서적, 1985, 59쪽

것이라고 말했다. 소크라테스의 태도에는 추호의 흔들림도 없었다.

"아테네인들이여, 지금까지 말한 것을 잘 생각하고 나서, 아뉘토스의 말을 따르든가 말든가, 또 나를 놓아주든가 말든가 결정하십시오. 그러나 나는 몇 번 죽임을 당한다 해도 청년들을 가르치고 철학을 탐구하는 일 외에 다른 일을 할 수 없다는 것을 알아주십시오." [3]

살려 달라고 사정해도 모자랄 판에 오히려 배심원들 보고 알아서 선택하라니 그들은 어이가 없었다. 개중에는 콧방귀를 뀌며 불편한 심기를 노골적으로 드러내는 사람들도 있었다. 재판의 분위기는 아뉘토스 일당이 원하던 방향으로 흘러갔다. 소크라테스는 그것을 잘 알면서도 그 흐름에 운명을 맡겼다. 애초부터 이 재판은 그에 대한 재판이었지 그의 죄에 대한 재판은 아니었던 것이다. 자신은 잘못한 것이 없다고 분명히 밝힌 이상 기소 내용에 대해 더는 구차스럽게 반론을 펼 필요도 없었다. 늙은 소크라테스는 청년들을 모아놓고 대화를 할 때처럼 차분한 음성으로 이야기를 진행해 나갔다. 이제 그의 이야기는 변론이 아니라 강론처럼 들렸다.

"아테네인들이여, 내가 변론하는 것은 여러분이 생각하듯 나 자신을 위한 것이 아니라, 여러분이 하늘의 선물인 내게 유죄를 선고함으로써 신께 죄를 짓지 못하도록 바로 여러분을 위해 하는 것입니다. 왜냐하면, 만약 여러분이 나를 사형에 처한다면 여러분은 나 같은 사람을 쉽게 찾지 못할 것이기 때문입니다." [4]

---

3   위의 책 63쪽
4   위의 책 64쪽

여기저기서 야유가 터져 나왔다. 하지만 소크라테스는 개의치 않고 자기가 살아온 희생의 삶을 이어서 얘기했다. 평소 그는 누구든지 찾아가 마치 아버지나 형처럼 그들에게 덕에 대해 마음을 쓰도록 설득했다. 그리고 지혜 있는 자를 만나면 그의 얘기에 귀 기울이고, 그에게 지혜가 부족하다고 생각할 때는 그것을 밝혀주고자 노력했다. 그런 일에 바쁘다 보니 나랏일이나 집안일은 물론이고 자기 자신마저 돌볼 새도 없이 평생 신만을 섬기며 가난하게 살아왔다.

소크라테스는 평생 딱 한 번 공직에 종사한 적이 있었다. 당시 아테네는 열 부족에서 대표 오십 명씩을 뽑아 그들 5백 명에게 정무심의회라는 공직을 맡겼다. 그리고 열 부족이 돌아가면서 일 년의 10분의 1에 해당하는 동안 집행부 일을 관리했다. 기원전 406년 안티오키스 부족에 속해 있던 소크라테스가 일일 의장직을 맡고 있던 날이었다. 아르기누사이섬 앞바다에서 벌어진 스파르타와의 해전에서 아테네가 승리했으나 구조작업이 지체된 데다 폭풍우까지 몰려오는 바람에 물에 빠졌던 2천 명에 가까운 수병들이 목숨을 잃었다. 책임자급 장군 열 명이 재판에 일괄 소환이 됐다. 개별심판과 변론이 생략된 점을 들어 의장이었던 소크라테스만이 유일하게 그들에 대한 재판이 불법이라며 반대했다. 하지만 광적인 분위기에 휩싸인 배심원들은 집단재판을 강행했고 소환에 응하지 않은 네 명을 제외한 여섯 명의 장군들이 형장의 이슬로 사라졌다. 시민들은 후에 이 사건이 잘못되었음을 후회하고 이번에는 장군들을 기소한 자들을 법정에 세워 사형에 처했다. 생명의 위협에 아랑곳하지 않고 정의의 편에 선 소크라테스는 그때 군중심리가 얼마나 어리석은 것인지 뼈저리게 느낄 수 있었다.

잠시 숨을 고른 소크라테스는 자신이 남들처럼 아내와 자식들을 대동해 동정표를 호소하거나 탄원하지 않는 이유에 대해서 언급했다. 그것은 그가 완고해서도 아니고 배심원들을 경멸해서도 아니었다. 다만 그렇게 하지 않는 것이 옳다고 믿기 때문이었다. 배심원들에게 무죄를 부탁할 것이 아니라 오히려 옳은 정보를 제공하고 이해시키는 작업이 필요했다. 왜냐하면, 배심원들이란 누구를 편들기 위해서 있는 것이 아니라, 옳고 그름을 판별하기 위해서 있기 때문이었다.

"그러므로 아테네인들이여, 훌륭하지 않거나 옳지 않거나 경건하지 않은 일을 하라고 내게 요구하지 마십시오. ……여러분 자신과 나를 위해 최상의 결정이 내려질 수 있도록, 여러분과 신께 나에 대한 판결을 맡깁니다." [5]

이 말을 끝으로 소크라테스는 변론을 마쳤다. 연설 시간을 재는 항아리 모양의 물시계에는 아직 여분이 있었다. 곧이어 배심원단의 표결이 진행됐다. 일찌감치 결정을 내린 사람들은 투표단지 앞에 길게 줄을 섰다. 하지만 아직도 많은 사람이 끼리끼리 모여 의견을 교환 중이었다. 배심원들은 투표단지로 가 그 안에다 유죄에 해당하는 검은 잠두열매와 무죄에 해당하는 흰 잠두열매 중 하나를 집어넣었다. 투표가 모두 끝났다. 시간이 한참 흐른 뒤 관원들이 나와 장내를

---

[5] 위의 책 73쪽

진정시켰다. 발표자가 앞으로 걸어 나왔다. 법정 안에는 차가운 침묵이 흘렀다.

"유죄 280표, 무죄 220표!"

짧은 환호와 긴 탄성이 교차했다. 근소한 표 차였다. 만약 30명만 더 소크라테스에게 표를 던졌다면 가부동수—이런 경우 아테네 여신이 무죄의 편을 들었다는 전설에 따라 피고에게 유리하게 판정하는 것이 관례였다—로 반대의 결과가 나올 뻔했다. 이 재판은 처음부터 소크라테스를 좋아하는 측과 싫어하는 측으로 갈린 재판이었다. 사람들은 소크라테스에게 죄가 있고 없고를 논하기보다 그가 마음에 들고 안 들고를 따졌다. 그렇다 보니 설교에 가까운 변론 내용, 피고답지 않게 구는 태도, 그리고 그냥 싫은 마음에 많은 사람이 소크라테스에게 괘씸죄를 적용했다. 형량을 심판하는 이차 표결에서 이것은 더욱 극명하게 드러났다.

이제 죄인 신분이 된 소크라테스에 대한 형량을 확정하기 위해 이차재판에 들어갔다. 아뉘토스와 그 일당들은 소크라테스의 사형을 요구했다. 소크라테스도 변론을 통해 자기가 원하는 형량을 배심원들에게 제시해야 했다.

이런 결과가 오리라는 것을 이미 각오하고 있었던 소크라테스는 놀라거나 분개하지 않았다. 그는 여전히 자신이 무죄라는 것을 배심원들에게 다시 한번 밝혔다. 그리고 자기 같은 사람에게 알맞은 형이 무엇이겠냐고 오히려 그들에게 반문했다. 소크라테스는 평생 가난하게 살면서 남들에게 진정한 행복을 심어주기 위해 분주히 살아온 사람, 비난과 질시 속에서도 아테네인들을 훌륭하고 사려 깊은 사람으로 만들기 위해 특별히 노력했던 사람, 외형만 화려하고 정신은 비어 있는 아테네를 깨어 있게 하려고 한갓 말 엉덩짝에 달라붙어 있는 등에이기를 자처했던 사람이었다. 정당한 평가가 내려질 수만 있다면 자기 같은 사람은 프뤼타네이온—국가 공로자, 올림피아 우승자, 외국 사절 등에게 향응을 제공하는 국가 건물—에서 향응을 받아야 한다고 소크라테스는 거침없이 말했다. 소크라테스의 말이 끝나기가 무섭게 장내에는 야유와 비난이 터져 나왔다. 소크라테스는 전혀 굴하지 않고 소동이 진정되기를 기다렸다. 그러고는 계속해서 변론을 이어갔다. 자기 자신이 아무 잘못한 것도 없는데 자청해서 처벌을 내려달라고 하는 것은 모순이지만 형벌을 선택할 수밖에 없는 처지에서 소크라테스는 형량을 하나씩 짚어나갔다.

"투옥은 어떨까요? 이렇게 되면 나는 감옥에서 형무위원들의 종노릇을 하면서 목숨을 부지해야 하는데 어째서 이런 일을 당해야 합니까? 이게 아니면 벌금형을 받아 벌금을 물 때까지 구류를 살까요? 하지만 아까 말씀드렸다시피 내게는 벌금을 물 돈이 없습니다. 그렇다면 국외추방을 구형할까요? 아마 여러분은 이것을 내게 판정하실 겁니다. 그러나 아테네인들이여, 내가 국외추방형을 선택한다면 나는 목숨을 끔찍이 아까워하는 사람이 됩니다." [6]

---

6   위의 책 77쪽

소크라테스는 침묵을 지키며 살아가는 것이 가장 힘들다고 말했다. 왜냐하면, 덕에 관해 이야기하며 자신과 남을 돌아보고 돌보는 생활이 최고의 선임을 아는 사람이 침묵하며 살 수는 없는 노릇이기 때문이었다. 그러한 삶은 신에게 복종하지 않는 불경스러운 삶이기도 했다. 소크라테스는 다시 한번 자기가 이런 일을 당해야 한다고 생각하지 않는다며 다음과 같은 형량을 제시했다.

"내게 돈이 있다면, 내가 낼 만한 돈을 벌금으로 내겠다고 제안할 것입니다. 이것은 내게 조금도 해로울 일이 없으니까요. 그러나 지금은 그만한 돈이 없습니다. 다만 여러분이 내게 내가 낼 수 있는 금액만을 내도록 해주면 몰라도 말입니다. 아마 은 1미나라면 낼 수 있겠습니다. 그러면 은 1미나를 벌금으로 낼 것을 제의합니다." [7]

이번에는 야유에다 고함까지 겹쳐졌다. 성질이 격한 자들은 분을 삭이지 못하고 자리에서 일어나 삿대질을 해댔다.

"아테네의 법정을 모독해도 유분수지. 신성모독에 또 하나의 죄가 추가되는군."

소크라테스에 대한 판단이 분명하게 서지 않던 사람들도 어이가 없는지 고개를 절레절레 흔들었다. 이때까지 소크라테스가 보여주고 들려줬던 모든 말과 행동은 이제 그 누구의 주목도 받지 못했다. 모든 사람의 생각은 오로지 은 1미나에 고정돼 버렸다.

은 1미나는 1백드라크마였다. 당시 누우스Nous라고 하는 정신의

---

[7] 위의 책 78쪽

원리를 서양철학사에 처음 도입한 아낙사고라스의 책 한 권 값이 1드라크마였다고 하니 은 1미나면 책 1백 권 값에 해당한다. 그리고 경솔한 소송을 금하기 위해 원고측이 전체 투표수의 5분의 1밖에 획득하지 못하면 벌금을 물게 되어있는데 그 금액이 은 10미나였다. 그렇다면 사형에 해당하는 벌금으로써 은 1미나의 가치는 어느 정도였을까. 일례로 자신의 책에서 해는 뜨거운 돌이고, 달은 차가운 흙이라고 주장했다 하여 아낙사고라스 역시 불경죄로 재판에 넘겨져 사형 대신 벌금형을 물고 나온 적이 있었다. 그때 그가 지급한 액수가 5탈렌트였다는 설이 있다. 1탈렌트는 6천드라크마, 즉 은 60미나였다. 그러니 은 1미나에 배심원들이 분통을 터뜨릴 만도 했다.

재판정에 나와 있던 소크라테스의 친구들과 제자들이 사태를 수습하려고 나섰다. 그들은 소크라테스를 설득해 벌금을 올리도록 종용했다.

"여러분, 플라톤과 크리톤, 크리토부울로스와 아폴로도로스가 여기 와서 30미나의 벌금을 내겠다고 말하라면서 자기들이 보증을 서겠다는군요. 그러면 이 금액을 내도록 하겠습니다." [8]

배는 이미 떠났다. 은 30미나로 배를 세우기에는 역부족이었다. 설령 5탈렌트를 갖고 왔다 하더라도 배를 돌릴 수는 없었을 것이다. 분노에 눈이 먼 사람들의 귀에는 아무 소리도 들리지 않는 법이다. 특히 그것이 어리석은 분노일수록……. 그들은 빨리 표결에 들어가자

---

[8]   위의 책 78쪽

고 재촉해댔다. 자기에게는 아무 죄가 없다고 생각하는 소크라테스로서는 할 바를 다했다. 법정이 아니라 그 어느 곳이라 하더라도 그로서는 죽느냐 사느냐 그것이 문제가 아니라 그르냐 바르냐가 문제였다. 평생을 맨발과 단벌로 살아온 가난한 처지에 돈도 없겠지만 은 1미나면 이런 일로 수고하는 국가에다 세금 정도로 생각하고 낼 만한 액수였다. 하지만 소크라테스의 진실과 속내를 알아주는 사람은 별로 없었다.

"사형 360, 벌금 140!"

비탄과 경탄의 소리가 동시에 터져나왔다.

"알로페케 구의 소프로니스코스의 아들 소크라테스를 사형에 처한다!"

소크라테스의 사형

앞자리에 앉아 있던 사람 중 많은 젊은이가 믿을 수 없는 듯 얼굴을 손에 파묻었다. 형의 팔에 안긴 플라톤은 넋이 나간 표정이었다. 아폴로도로스는 터져 나오는 눈물을 주체할 수 없었다. 크리톤은 30미나를 제시했던 자신의 불찰에 대해 말할 수 없는 부끄러움에 잠겼다. 설마 했던 많은 사람이 충격에서 헤어나지 못하고 있었다. 검은 잠두열매를 집어넣은 사람들 중에서도 일부는 야릇한 기분을 느꼈다. 그들은 마치 고삐 풀린 말이 끄는 마차에 실려 무작정 어디론가 끌려갔다가 이제야 현실로 돌아와 단단한 땅에 발을 내딛는 기분이었다. 이게 맞는 것일까? 하지만 360표나 되지 않았는가. 그들은 그 숫자의 정의定義를 정의正義로 믿고 싶었다.

죄를 묻는 일차재판에서 나온 표는 유죄 280표, 무죄 220표였다.

220명은 소크라테스가 죄가 없다고 본 사람들이었다. 그런데 형량을 결정하는 이차재판에서는 사형 360표, 벌금 140표가 나왔다. 일차에서 유죄표를 던졌다가 이차에서 사형 반대표를 던진 사람들을 계산에 넣지 않는다면 일차에서 무죄표를 던진 사람 중에 무려 80명이 사형 찬성표로 돌아선 것이다. 아테네 사법제도가 얼마나 모순이었는가를 보여주는 극명한 사례다. 이 80명은 마치 소크라테스에게 죄는 없지만 사형에는 처해야 한다고 결정한 사람들이다. 일차재판에서 내린 무죄를 고수했다면 이차재판에서 이들은 당연히 피고의 결정을 따라야 했을 것이다. 그러나 이들은 그렇게 하지 않았다. 죄에 대해 객관적인 판단을 내린 것이 아니라 소크라테스에 대해 개인적인 괘씸죄를 적용했거나 주변인들이 선동하는 대세에 휩쓸려버렸기 때문이다. 아테네의 법제도가 불합리하다는 것을 누구보다 잘 알고 있었기에 소크라테스는 억울함을 탄원하거나 목숨을 구걸하지 않았다. 올바른 제도가 올바른 사람을 죽일 수는 없다. 올바르지 못한 제도만이 올바른 사람을 죽이는 법이다. 그랬기 때문에 소크라테스는 순순히 죽음을 받아들였다.

"아테네인들이여, 이 짧은 시간으로 인해 여러분은 이 나라에 대해 나쁘게 말하려는 사람들에 의해서 지혜로운 사람 소크라테스를 죽였다는 오명을 얻고 비난을 받을 것입니다. ……제가 패소한 것은 부족함에서 기인했어도 말의 부족함 때문이 아니고, 여러분이 가장 듣기 좋아하는 것을 말하려 하지 않았기 때문입니다. ……지금도 이것을 후회하지 않습니다. 남들처럼 변명하고서 사느니보다는 할 말을 하고

서 죽는 것이 훨씬 낫습니다. ……아마 이렇게 되게끔 정해져 있었을 것입니다. 그리고 저는 이렇게 된 것도 괜찮다고 생각합니다."⁹

사형을 찬성한 자 중에 소크라테스의 말을 듣고 가슴이 뜨끔한 사람들도 있었을 것이다. 재판이 끝나고 보니 판단이 아니라 편견에 편승한 기분이 들기 때문이었다. 소크라테스가 자신에게 유죄를 선고한 사람들이 장차 올바른 젊은이들의 비난에 직면하게 될 것이라고 예견한 것처럼 그들이 오명을 얻고 비난을 받기까지 걸린 시간도 그리 오래 걸리지 않았다. 소크라테스는 올바르게 살고 있지 못하다는 사람들의 비난을 막으려 하기보다는 자기 자신이 올바른 사람이 되어 그런 삶에서 벗어나는 것이 훨씬 훌륭하고 쉬운 일이라는 말을 남겼다.

재판은 끝났다. 장내가 정리되는 동안 소크라테스는 자신에 대한 지지를 아끼지 않았던 사람들에게 잠시 남아달라고 부탁했다. 무죄표를 던진 사실보다는 공정한 입장을 견지했다는 차원에서 소크라테스는 그들이야말로 기소자를 심판할 자격을 갖췄다며 처음으로 그들을 향해 "배심원 여러분!"이라는 호칭을 사용했다. 그리고 그가 옳지 않은 일을 할 때는 항상 나타나 반대를 하곤 하던 다이몬의 음성이 이번에는 나타나지 않은 거로 보아 이제는 죽어서 귀찮은 일에서 벗어나라는 신의 묵시인지도 모르겠다는 말로 그들과 고별의 여담을 나누었다. 그러고 나서 소크라테스는 죽음에 대한 짧은 소회를

---

9 위의 책 79쪽~80쪽

비쳤다. 죽음은 생각하는 것처럼 그렇게 나쁜 것이 아닐 수도 있다. 죽음은 아무것도 없는 무이거나 영혼이 새로운 곳으로 옮겨가는 여행, 둘 중 하나일 것이다. 만약 죽음이 꿈도 없는 잠이라면 악몽에 시달리는 하룻밤보다도 길지 않아 보인다. 만약 죽음이 영혼의 여행이라면 그곳에서 훌륭한 선인들을 만날 수 있기를 고대한다.

"이미 시간이 다 되어 떠날 때가 되었습니다. 저는 죽기 위하여, 여러분은 살기 위하여. 그러나 우리 둘 중 어느 쪽이 더 좋은 곳으로 가는지는 신을 제외하고는 아무도 모릅니다." [10]

소크라테스는 은 1미나짜리 동전을 던짐으로써 배심원들에게 동전의 양면에 따라 자신을 살리든지 죽이든지 선택할 기회를 줬다. 그들은 동전의 뒷면을 택했다. 어쩌면 소크라테스가 원하던 바일 수도 있다. 소크라테스는 자신을 처형토록 함으로써 아테네 사법제도의 모순, 즉 아테네의 직접 민주정이 가진 문제점과 잘못을 역사에 남기고자 했는지 모른다. 그랬기에 그는 이 재판이 후대의 비난을 면치 못할 것을 예견했던 것이다.

오늘날까지 소크라테스가 민주정을 반대한 인물이라는 비난이 남아 있다. 그러나 그 같은 비난은 정당하지 못하다. 소크라테스가 민주정을 반대했다고 해서 사람들은 그가 마치 비민주적인 사람이라도 되는 것처럼 평가한다. 하지만 둘의 관계는 전혀 별개의 사안이

---

[10] 위의 책 85쪽

다. 민주정을 찬성해도 비민주적인 사람이 있을 수 있고, 민주정을 반대해도 민주적인 사람이 있을 수 있다. 소크라테스는 후자의 경우에 속한다. 그는 당대의 그 누구보다도 민주적이며 자유로운 사고를 갖춘 인물이었다. 오히려 민주정 제도를 택한 아테네야말로 외국인과 여성에 대한 차별이 가장 극심하고 강력한 노예제도를 기반으로 한 사회였다. 또한, 동맹국을 자기들의 속국처럼 다루었으며 영역을 확장하기 위해 제국주의적인 침략을 일삼았다. 소크라테스가 반대한 것은 이러한 자국의 잘못되고 모순된 민주정 제도에 한한 것이지 민주적인 것을 모두 반대한 것은 결코 아니었다. 그리고 현대의 잣대를 가지고 고대의 제도와 고대인의 관계를 함부로 잴 수는 없음을 알아야 한다. 그것은 마치 소크라테스가 고대 그리스의 의복인 히마티온이 불편하다고 말했다 해서 현대의 패션 디자이너가 소크라테스야말로 히마티온의 편리성을 모르고 하는 소리라고 비난하는 것이나 마찬가지다.

한 인물의 역사성을 제대로 평가하기 위해서는 먼저 평가자의 역사성이 제대로 갖춰져 있어야 한다. 결코, 평가자의 역사 인식이 주관적이거나 개인적, 또는 획일적이어서는 안 된다는 말이다. 그런 점에서 최상의 잣대는 시공을 초월한 보편 타당성의 원리다. 이 기준으로 보자면 소크라테스에게도 발견되는 문제점이 몇 가지 있다. 여자가 아니라 남자, 야만인이 아니라 아테네인으로 태어난 것을 가장 큰 행복으로 여긴다든지, 글을 죽은 지식으로 치부한다든지, 노예 제도 하에서 무위도식을 자랑으로 삼았다든지 하는 점은 그에게도 흠으로 남는다. 그렇지만 민주정을 반대했기 때문에 비난받아 마땅하다고 하는 잣대는 너무 주관적이고 한시적이며 제도적인 것이다.

신의 배려였을까. 예정대로라면 소크라테스는 재판 다음 날 사형이었다. 그런데 아폴론 신에게 제사를 올리기 위해 델로스로 떠나는 배가 재판 전날 배꼬리에 화환을 걸었다. 그때부터 그 배가 제사를 지내고 아테네 항구로 돌아올 때까지 부정을 탈 만한 일은 국법으로 일절 금하고 있었다. 소크라테스에 대한 사형도 당연히 연기됐다. 그 바람에 소크라테스는 감옥에서일망정 거의 한 달가량 자신의 삶을 정리할 수 있는 시간적 여유를 가질 수 있었다.

감옥은 사람들로 붐볐다. 소크라테스의 얼굴을 마지막으로 보고자 하는 아테네인들이 매일같이 감옥으로 몰려들었다. 특히 친구들과 제자들은 하루도 거르지 않고 감옥을 방문했다. 그들은 면회가 허용되는 아침부터 저녁까지 그곳에 모여 앉아 소크라테스와 철학적인 담론을 나누었다. 누구보다 그것을 환영한 사람은 소크라테스 자신이었다. 그는 죽음을 목전에 둔 사람답지 않게 귀찮아하거나 지치는 기색 하나 없이 언제나 면회객들을 반갑게 맞이했으며 대화에 열과 성을 다했다. 말이 감옥이지 학교나 다름없었다.

아테네의 화제는 매일같이 그의 사형에 관한 것이었다. 처음에는 표결과처럼 찬반의 의견이 나뉘어 있었지만, 시간이 흐를수록 과연 사형을 선고한 것이 옳았는가 하는 의문이 고개를 들기 시작했다. 구명운동을 벌여야 한다는 얘기까지 심심찮게 거론되었다. 하지만 이

상기류를 감지한 아뉘토스 일파가 가만히 있을 리가 없다. 그들은 재판 결과를 승복하지 않는 것을 국가체제에 대한 도전이요 반역행위로 간주하고 철저한 단속에 나섰을 것이다. 만약 참주정이나 과두정이었으면 지배 권력의 결정 여하에 따라 사면도 가능했다. 그러나 민주정 하에서 그런 일은 불가능했다. 한 명이 내린 결정은 다수의 반대에도 번복할 수 있지만 다수가 내린 결정은 한 명의 반대로는 번복할 수 없는 법이다.

여기서 잠시 소크라테스의 사형과 관계된 두 가지 역사의 가정을 던져 보고자 한다.

첫째, 만약 소크라테스가 법정에서 자기의 형량으로 '사형'을 제시했다면 어떻게 되었을까? 소크라테스는 사형을 선고받았을까, 선고받지 않았을까? 뭐라 단정 지을 수가 없다. 물론 소크라테스에게 동정표가 쏟아졌을 가능성도 있고, 잘못을 인정하는 것으로 참작해 용서표가 몰렸을 수도 있고, 소크라테스라면 미운 나머지 그가 하는 일은 무조건 반대하는 이상한 반대표가 등장했을 수도 있다. 그럴 경우 소크라테스는 일차 표결에서 흰 잠두열매를 던진 220표를 고정표로 확보하면서 30표 이상을 더 그러모아 사형을 모면했을지도 모른다. 하지만 정말로 궁금한 것은 그다음 상황이다. 만약 소크라테스가 형량으로 제시한 사형이 부결되었다면 소크라테스는 무죄가 되는 것일까? 원고측이나 피고측 모두 사형을 제시했으니 그것이 부결될 경우 소크라테스에게 주어질 형량은 없는 게 돼버린다. 결국, 기존의 표결방식으로는 판결을 내릴 수가 없게 된다. 원고와 피고 양쪽이 제시한 형량을 놓고 한쪽을 선택하는 것이 아니라 사형이라는 한 가지 경우를 놓고 찬반을 결정해야 했기 때문이다. 그것은 다시 유죄냐 무죄냐를 논하는 것이나 마찬가지였다. 더군다나 어떤 것이 원고 측과 피고 측의 의견을 지지하는 것인지 배심원들로서는 헷갈릴 수밖에 없었을 것이다.

소크라테스가 은 1미나를 제시한 것은 스스로 죽음을 자청했다고밖에 볼 수 없는 행동이었다. 그런 소크라테스가 사형을 제시할 수도 있지 않았을까 하는 가정에서 그려본 역사다. 그렇지만 아뉘토스 일파가 가만히 있었을까? 이번에는 그들 쪽에서 은 1미나를 형량으로 제시했을 것이다. 역사를 제자리에 돌려놓아야 하니까……

둘째, 만약 소크라테스가 사형을 당하기 전에 그의 친구나 제자들이 아뉘토스 일파를 무고죄로 기소했다면 어떻게 되었을까?

대략 기원후 2세기 초 사람으로 알려진 디오게네스 라에르티오스가 쓴 《철학자들의 생애》에 보면 소크라테스를 사형에 처하고 나자 후련한 것이 아니라 후회가 된 아테네인들은 사태를 수습하려 했다고 한다. 그들은 소크라테스의 고소인들을 법정에 세워 멜레토스는 사형에 처하고, 아뉘토스와 뤼콘은 추방했다는 것이다. 이런 내용은 플라톤이나 크세노폰의 저서를 비롯해 그 어떤 자료에도 기록된 바가 없으며 오직 상기한 책에서만 발견되었다. 그래서 학자들은 이 기록을 신빙성이 없는 것으로 보고 있다. 그들은 동명이인이 아닌 이상 아뉘토스가 재판 후 13년 뒤에도 집정관으로 근무했다는 기록을 반박자료로 제시했다. 하지만 아테네의 추방 기한은 보통 10년이다. 그

사이 추방됐던 아뉘토스가 다시 아테네로 돌아와 집정관을 맡을 수도 있다.

위 기록의 진위를 떠나 어쨌든 소크라테스의 친구와 제자들은 재판 결과에 대해 불만을 가졌다. 그들은 소크라테스를 살리기 위해서라면 무슨 일이든 할 사람들이었다. 그러므로 아뉘토스 일파를 무고죄로 맞고소하는 것도 한 방법이었을 것이다. 배심원들의 기분에 따라 소크라테스쪽으로 더 많은 표가 쏠리기라도 하면 아뉘토스 일파는 유죄가 성립되는 것이고 소크라테스는 자연히 무죄가 되는 것이다. 한데 아테네의 사법제도가 한번 결정된 재판에 대해서 항소를 불허했는지 그것은 알 수가 없다. 친구와 제자들이 준비한 것은 맞고소가 아니라 탈출이었다.

부농이었던 크리톤은 법정에서 은 30미나를 제시한 것을 두고두고 후회했다. 재산을 다 털어서라도 살려야 할 친구를 방심과 오판으로 인해 죽게 했다는 자책감에 시달렸다. 그는 돈이 얼마가 들든지 소크라테스를 감옥에서 빼돌려 국외로 탈출시키기로 동료들과 계획을 세웠다. 마침 피타고라스 학파 출신인 심미아스와 케베스까지 소크라테스를 탈출시킬 자금을 마련해서 테베에서 왔다. 분위기가 무르익었고 모든 일이 순조롭게 진행됐다. 간수들도 모두 매수해 두었고 탈출할 배편도 마련해 놓았다. 집행부로서도 사실 사형에 처해 봤자 귀찮은 죄인이었다. 그들은 내심 아낙사고라스나 프로타고라스처럼 그가 국외로 도망가 주기를 바라는 면도 없지 않았다. 한데 소크라테스는 크리톤의 제안을 한마디로 거절했다. 국가의 보호를 받으며 여태껏 행복하게 살아온 시민으로서 국가의 뿌리를 뒤흔드는 행동을 할 수 없다는 것이 이유였다. 소크라테스는 살 기회를 거절하고 죽기로 자처한 소신을 굽히지 않았다. 죽음조차도 그의 말과 행동을 갈라놓을 수 없었다.

불멸의 영혼

델로스 섬으로 떠났던 배가 마침내 피레우스 항에 입항했다. 다음 날 열 너덧 명 정도 되는 사람들이 아침부터 감방에 모여 마지막 가는 소크라테스의 저승길을 배웅하고 있었다. 그들은 여느 때와 마찬가지로 철학적인 담론을 나누며 하루를 시작했다. 소크라테스는 사람들을 압도하면서 특유의 유머 감각을 잃지 않았다. 처음에는 그의 사소한 움직임이나 기침 소리에도 민감한 반응을 보이던 제자들도 차츰 웃음을 터뜨리며 대화 속으로 끌려 들어갔다. 소크라테스와 동갑내기 친구인 크리톤만은 처형을 앞둔 마당에 그런 즐거운 분위기를 선뜻 받아들이기가 힘들었다. 여전히 자책감에 시달리고 있는 그는 감옥 안팎을 드나들며 말없이 친구의 마지막 가는 채비를 도왔다.

점점 죽음의 시간이 임박하자 화기애애했던 분위기도 다소 가라

앉으면서 대화의 주제는 자연스럽게 영혼에 관한 이야기로 흘렀다. 소크라테스는 죽으면 자신의 영혼은 훌륭한 영혼들이 있는 세계로 가게 될 것이며 그러므로 기꺼이 죽음을 맞을 수 있다고 말한다. 그러자 테베에서 온 심미아스와 케베스가 자신들에게도 그런 확신이 들 수 있도록 가르침을 달라고 부탁한다.

철학은 사유 안에서 이루어진다. 보고, 듣고, 느끼는 육체적인 감각은 사유에 방해가 된다. 올바른 사유를 하자면 될 수 있는 대로 육체를 벗어나야 한다. 만약 영혼이 육체에서 벗어나는 것을 죽음이라고 한다면 그때야말로 가장 올바른 사유를 할 수 있다. 그렇기에 철학은 죽음에 대한 연습이며, 철학자는 죽음을 연습하는 사람들이다. 하지만 죽음을 앞당기는 자살은 옳지 않은 행위다. 비교秘敎에서 전하기를 인간이란 죄인이요, 감옥 문을 열고 도망갈 권리는 없다고 한다. 덧붙이자면 자살도 하나의 살인인 셈이다. 이 말을 들은 케베스는 그렇다면 사후에도 영혼이 존재하는지를 알고 싶어 한다.

반대되는 것은 모두 반대되는 것에서 나온다. 잠자는 것이 깨어 있는 것의 반대인 것처럼 살아 있는 것의 반대는 죽음이다. 잠자는 상태로부터 깨어 있는 것이 나오고 깨어 있는 상태로부터 잠자는 것이 나오듯 산 것에서 나오는 것은 죽은 것이고 죽은 것에서 나오는 것은 산 것이다. 그것이 자연의 법칙이다. 그렇다면 죽은 자의 영혼은 되살아나기 위해 어딘가에 있어야 한다. 그러고 나서 소크라테스는 영혼이 있다는 또 한 가지 증거를 제시했다.

뭔가를 떠올리는 상기라는 것은 사전에 알고 있다는 것을 전제한다. 꽃을 보고 어떤 여인을 떠올리는 것은 꽃에 대한 감각작용으로 인해 전에 알았던 여인을 상기하는 것이다. 그때 꽃과 여인은 전혀 다르지만 둘에게서 같은 아름다움을 느낄 수 있는 것은 우리가 사전에 '같음'이나 '아름다움'에 대해서 알고 있다는 얘기가 된다. 그러므로 꽃과 여인이 같다, 비슷하다, 다르다, 꽃보다 여인이 더 아름답다, 덜 아름답다는 것을 상기할 수 있는 것이다. 그렇지 않고 '같음'이나 '아름다움'에 대해서 모른다면 감각을 통해 알게 된 여러 가지 같은 것과 아름다운 것을 비교·평가할 방도가 없다. 고로 같은 것이나 아름다운 것을 상기해 주는 '같음 자체'나 '아름다움 자체'는 감각작용이 있기 전부터, 즉 태어나기 전부터 우리가 알고 있다는 얘기가 된다. 이러한 사실로 보아 육체를 갖기 전에 분명 영혼은 있는 것이다.

심미아스와 케베스는 영혼이 태어나기 전부터 있었다는 데 대해서는 수긍을 했다. 하지만 사후에도 영혼이 존재하리라는 것에 대해서는 의문을 제기하자 소크라테스는 다음과 같은 논리를 전개한다. 앞에서 거론한 같음 자체, 아름다움 자체는 영원히 변하지 않는 것이다. 이에 반해 아름다운 것들, 즉 사람이나 꽃이나 옷은 항상 변하는 것이다. 이처럼 눈에 보이지 않는 것은 변하지 않는 것이며 눈에 보이는 것은 변하는 것이다. 영혼은 눈에 보이지 않는 것이다. 그러므로 영혼은 불변이다. 그러나 육체는 눈에 보이는 것이다. 그러므로 육체는 변한다.

그렇지만 여전히 의문을 떨쳐 버리지 못한 심미아스와 케베스는 두 가지 예를 들어 그런 자신들의 입장을 피력했다. 먼저 심미아스는 누군가 리라를 부수면 화음은 사라지는 것이지만 악기는 소각되거나 썩어 없어질 때까지는 꽤 오래 존속되는 것처럼 화음에 해당하는 영혼이 악기에 해당하는 육체보다 먼저 사멸하는 것이 아니냐고 반문했다. 케베스는 평생 여러 벌의 옷을 지어 입은 직조공이 죽으면 맨 마지막 옷은 그 주인보다 오래 남듯 영혼도 여러 번 육체의 옷을 갈아입지만 결국에는 사멸하여 마지막 육체를 뒤에 남기지 않겠냐는 비유로 자신의 심중을 드러냈다.

소크라테스는 앞서 말했듯, 영혼이 육체보다 먼저 존재하는 것이라면 육체가 사멸한다고 하여 영혼이 사라지는 것은 아니라는 점을 다시 한번 강조했다. 영혼과 육체의 관계는 화음과 악기의 관계와는 다른 것이다. 악기에 의해서 조화로운 소리가 만들어지는 화음은 악기보다 먼저 존재할 수 없고 악기가 하는 대로 따라갈 뿐이기에 악기가 부서지면 화음도 사라진다. 그러나 영혼은 육체에 의해서 만들어지는 조화가 아니라 오히려 육체의 욕망이나 욕구를 통제하기도 한다. 그러므로 육체의 사멸과는 상관없이 영혼은 존속되는 것이다.

영혼이 존속된다고 하더라도 언젠가는 사멸하는 것이 아니냐는 케베스의 질문에 대해 소크라테스는 모든 반대되는 것은 반대되는 것에서 나오지만 서로 반대되는 성질을 가질 수 없다는 논법을 펼쳐 영혼의 불멸을 증명했다. 잠자는 것으로부터 깨어 있는 것이 나온다. 그러나 잠자면서 동시에 깨어 있을 수는 없다. 아름다움 자체, 선 자체, 큼 자체 등도 마찬가지다. 아름다움과 동시에 추할 수 없고, 선함과 동시에 악할 수 없고, 큼과 동시에 작을 수 없다. 그 어떤 것이든 그 자신의 반대 것이 될 수 없다. 그 자체에 반대되는 것은 아니면서도 반대되는 성질을 지니고 있을 때도 서로를 배제한다.

　예를 들어 3은 홀수 자체는 아니지만, 그 홀수의 성질로 인해 홀수라는 명칭을 얻고 있다. 이러한 3은 3이면서 동시에 짝수일 수는 없다. 3이 짝수의 반대는 아니지만 반대되는 성질로 인해 짝수가 될 수 없는 것이다. 이렇게 하여 반대는 반대를 받아들이지 않을 뿐만 아니라 반대되는 성질도 받아들이지 않는다는 결론을 얻었다. 그렇다면 육체가 살아 있는 것은 그 안에 영혼을 갖고 있기 때문이다. 영혼으로 인해 생명을 갖게 된 것이다. 생명의 반대는 죽음이다. 영혼은 그 반대되는 죽음을 받아들일 수 없다. 죽음을 받아들이지 않는 것을 불사라 한다. 그러므로 영혼은 불사불멸이다.

　2천 5백 년 전 3월 어느 날, 그리스 아테네의 한 감옥 안에서 일군의 사람들이 둘러앉아 영혼의 불멸에 관해 담론들을 나누고 있었다. 그날 있었던 그 일은 시간과 공간 속에 영원히 각인되어 버렸다. 이렇게 해서 영혼의 불사불멸을 증명한 소크라테스는 선한 영혼이 악한 영혼보다 더 많은 행복을 누릴 것은 자명한 일이라며 신들의 세계에 들어가 신들과 함께 있을 수 있는 것은 오직 지혜를 사랑하고 육체를 완전히 해탈하여 깨끗하게 된 사람에게만 허용될 것이라고 말했다. 그리고 그는 전설로 전해지고 있는 영혼의 세계를 그림으로 그려 보이듯 제자들에게 들려주었다.

죽음의 시간이 임박하자 목욕재계한 소크라테스는 가족들과 작별인사를 나눈 후 조용히 앉아 독약을 기다렸다. 마침내 독약이 손에 들어오자 그는 전혀 주저하거나 두려워하는 기색도 없이 단숨에 마셔버렸다. 그리고 독기가 온몸에 퍼져 숨이 끊어지기 직전에 얼굴까지 덮고 있던 흰 보를 거둬내고 친구인 크리톤을 불러 마지막 유언을 남겼다.

"우리는 아스클레피오스에게 닭 한 마리를 빚졌네. 잊지 말고 갚아 주게나."

소크라테스의 유언

 소크라테스의 유언은 말 그대로 하면 아스클레피오스라는 사람에게 닭 한 마리를 빚졌으니 그것을 갚아달라는 것 그 이상도 이하도 아니다. 기록에 근거하면 소크라테스의 친구나 제자 중에 아스클레피오스라는 이름을 가진 사람은 없다. 그렇다면 옆집 사람이거나 닭집 주인일 수도 있겠다. 그에게 닭을 한 마리 빌렸거나 외상으로 샀는데 마침 죽는 순간 그 사실이 뇌리를 스쳐 친구에게 갚아 달라고 당부를 한 것이다. 이를 통해 우리가 알 수 있는 것은 소크라테스가 무척 책임감이 강한 사람이었다는 사실이다. 삶을 마감하면서 마지막으로 할당된 말을 고작 닭 한 마리밖에 안 되는 빚을 갚는 데 사용해 버렸으니 말이다. 잔재를 남김없이 청산하고 가겠다는 그의 결연한 의지에서 결벽증마저 느껴질 정도다.

한데 유언에 등장하는 고대 그리스 시대의 닭은 과연 어떤 존재였을까. 닭에 관한 많지 않은 기록으로 보아도 그 닭이나 지금 닭이나 같기는 매한가지였다. 소크라테스를 모시고 잔칫집에 참석한 아리스토테모스는 주석에서 너무 피곤한 나머지 먼저 잠에 떨어졌다가 새벽녘에 닭 소리를 듣고 깨어났다. 이천 오백 년 전에도 닭이 새벽을 알리는 구실을 했던 것이다. 또 스파르타의 한 청년에게 어떤 사람이 닭을 보여주면서 그 닭은 죽을 때까지 싸운다고 자랑을 했다. 그러자 이 청년이 말하길, "차라리 이길 때까지 싸우는 놈이었으면 더 좋았을걸." 하고 대답한 것으로 보아 당시에도 싸움닭이 있었음을 알 수 있다. 그리고 그리스 군인들은 방패에다 닭 모양을 그려 넣었으며 투구를 닭 벼슬처럼 장식하기도 했다. 닭의 쓰임새가 현대보다도 더 다양했던 셈이다. 또 다른 자료에는 그리스인들이 병이 나으면 의술의 신에게 감사의 제물로 닭을 바쳤다는 기록이 있다. 그런데 놀랍게도, 그 신의 이름이 다름 아닌 아스클레피오스가 아닌가!

소크라테스의 유언에 감겨 있던 하얀 붕대가 풀리는 순간이다. 그가 언급한 아스클레피오스가 이 신을 지칭한 것이라면 소크라테스의 유언이 단순히 빚을 갚아 달라는 유언이 아닐 수 있다는 얘기가 된다. 유언에 담긴 의미를 밝히기 위해서는 우선 아스클레피오스가 누구인지 살펴보아야 할 것이다.

아스클레피오스는 태양신 아폴론과 테살리아의 공주 코로니아 사이에서 태어난 반인반신이었다. 그는 어려서부터 반인반마인 켄타우로스족의 대학자 케이론에게 학문과 의술을 배워 만병을 다스리는 의사가 되었다. 특히 뱀의 독과 약초를 사용해 많은 환자의 생명을 구했으며, 마침내 이치를 터득해 죽은 사람까지도 소생시키는 경지에 올랐다. 그러나 그로 인해 죽어야 할 사람들이 죽지 않게 되자 저승의 신 하데스의 분노를 사게 되고 중재를 맡은 제우스는 인간이 불사의 능력을 가질 수 없으며, 운명의 법칙을 깰 수 없다는 심판을 내린다. 그리고 죽은 사람을 살리는 것을 중지하도록 경고한다. 하지만 아스클레피오스는 생명을 구하는 것은 의사의 사명이라며 제우스의 명령을 무시한다. 결국, 제우스는 불벼락을 내려 자신의 영을 거역한 아스클레피오스를 태워 죽인다. 하지만 훗날 아폴론의 간청으로 제우스가 아스클레피오스를 소생시켜 준 덕분에 그는 부친을 도와 의술의 신이 되었다고 한다. 지금도 밤하늘을 보면 아스클레피오스의 별자리를 발견할 수 있는데 뱀자리와 나란히 있는 땅꾼자리가 그것이다.

고대 아테네에서는 환자가 병이 나은 다음 감사의 표시로 의술의 신 아스클레피오스에게 닭을 바치는 풍속이 있었다고 하면 소크라테스의 유언은 그 자신이 최근 앓다 나은 적이 있는데 미처 신에게 제물을 올리지 못한 것이 마음에 걸려 친구에게 부탁한 것으로 유추할 수 있다. 그러나 소크라테스 최후의 며칠을 기록한 자료들을 살펴보건대 그가 앓았다는 얘기는 어디에도 없다. 오히려 친구들이 탈옥을 권할 정도로 사형 직전의 소크라테스는 건강한 상태였다. 감옥에 갇히기 전에 있었던 일이라고 하여도 그렇다. 곧 처형당할 사람이 예전에 아팠다가 나은 일을 갖고 이제 와 새삼스럽게 감사의 제물을 부탁한다는 것이 상식적으로 이해가 안 간다. 더군다나 그런 종교적 의무는 부정을 탄다는 생각에 함부로 때를 놓칠 성격의 것이 아니었다. 소크라테스가 아니라면 가족이나 친구들이 제때 갖다 바쳐도 바쳤을 것이다.

유언에 대한 또 다른 해석은 죽음과 연관된다. 즉, 소크라테스는 죽음에 의해 모든 인간적인 병이 치유된다고 생각했기 때문에 의술의 신에게 닭을 바쳐달라고 말했다는 것이다. 이것이 지금까지 가장 유력하고 설득력 있는 해석으로 받아들여져 왔다. 죽음으로 인해 영원히 산다. 철학가의 유언으로도 손색이 없어 보인다. 그렇다면 우리도 이쯤에서 소크라테스의 시신을 내려놓는 것이 좋지 않을까. 하지만 여전히 의문 하나가 발목을 잡는다. 아스클레피오스는 죽음에서 사람을 살린 의술의 신이다. 그러므로 그에게 있어 생명을 앗아가는 죽음은 일종의 병이라 할 수 있다. 그런데 죽음이 모든 병을 낫게 해 준다는 생각에서 죽음을 병으로 여긴 신에게 닭을 바치고 싶어 한 것이라면, 그건 앞뒤가 맞지 않는 해석이다. 정말 그럴 뜻이었다면 소크라테스는 의술의 신 아스클레피오스에게 닭 한 마리를 바칠 것이 아니라, 운명의 여신 아트로포스에게 가위 한 자루를 바쳤어야 옳았다. 운명의 실낱을 끊어줘서, 덕분에 삶의 고통에서 벗어날 수 있게 해 줘 대단히 감사하다고……

다시 원점이다. 도대체 이 엉뚱한 유언이 얘기하고자 하는 바는 무엇일까. 애초에 살펴보았듯이 단지 변제를 요청하는 빚에 불과한 것일까, 아니면 아스클레피오스라는 신에게 사심 없이 헌정하는 제물일까.

　유언에는 어떤 식으로든 유언을 남긴 사람의 인생이 담겨 있다. 유언은 그가 살았던 삶의 고백이다. 소크라테스라고 해서 예외일 수는 없다. 논리학에서 삼단논법을 설명할 때 사람을 대표하는 이름이 소크라테스다. '사람은 죽는다. 소크라테스는 사람이다. 그러므로 소크라테스는 죽는다.' 이처럼 어떤 인간도 죽음의 포충망을 벗어날 수 없듯이 소크라테스가 남긴 유언 역시 삶의 궤도를 이탈할 수가 없다. 유언을 남긴 이상 그 유언은 그의 화석인 것이다.

새롭게 밝혀지는 유언의 의미

소크라테스를 알면 유언이 보인다. 소크라테스는 정확한 언어를 구사해 자기의 뜻을 상대에게 분명하게 전달하려고 노력한 사람이었다. 자기가 쓴 시도 제대로 이해하지 못하는 시인들을 어리석은 집단이라고 질타한 그는 생전에 난해한 표현을 멀리했다. 그런 그가 유언이라고 해서 특별히 모호한 수수께끼를 냈을 리는 없다. 소크라테스는 유언을 통해 자기 의사를 분명히 밝혔음이 틀림없다. 한데 왜 아직도 닭 한 마리 때문에 해석이 구구한 것일까?

현미경으로 유언을 들여다본다고 해서 의미가 발견되는 것은 아니다. 소크라테스의 유언을 아무리 파헤쳐도 소크라테스의 유언을 이해할 수 없다는 말이다. 물론 그의 유언이 시어처럼 복잡한 상징체계를 가진 것이라면 그런 방법이 나쁠 것은 없다. 유언 자체만을 가지고도 여러 가지 해석이 가능할 것이고 개중에는 그가 전하려고 했던 의미에 근접하는 해석이 나올 수도 있을 테니 말이다. 하지만 소크라테스는 닭 한 마리를 상징으로 삼을 생각은 추호도 없었다.

소크라테스가 남긴 유언의 의미를 제대로 이해하지 못한 데는 다른 이유가 있다. 무엇보다도 소크라테스가 유언을 남길 당시 마지막 현장에서 그와 함께 하루를 보내며 그의 임종을 지켜보지 못했다는 점이 크다. 물론 임종의 자리에 없다고 해서 유언을 이해할 수 없는 것은 아니다. 그러나 소크라테스가 사형을 당하는 그 날 하루의 행적과 현장 상황이 그가 남긴 유언의 비밀을 푸는 데 반드시 필요한 열쇠이기 때문이다.

소크라테스의 유언을 이해하지 못하는 또 다른 이유는 유언에 대한 고정관념 때문이다. 유언은 죽음을 직전에 두고 마지막으로 하는 말이므로 의미심장한 내용일 것으로 생각한다. 당연한 얘기다. 한 번도 경험해 보지 못한 죽음 앞에서 임종하는 자나 임종을 지켜보는 자나 모두 긴장하고 초조하기 마련이다. 그리고 영원한 무언의 세계로 들어가기 전에 남기는 마지막 말인데 어찌 의미 없는 단어들을 나열할 수 있을까. 한데 소크라테스의 유언은 그런 상식을 뒤집고 있다. 그러므로 유언이라는 고정관념을 가지고서는 소크라테스의 유언을 이해할 수 없는 것이다.

상황을 공유해야 하며 유언에 대한 기존의 선입관을 버려야 한다니 그렇다면 소크라테스의 유언은 도대체 뭐란 말인가? 놀랍게도 그의 유언은 유머였다. 그것도 그 상황에서 즉각적으로 발휘된 고도의 상황 유머라 할 수 있다. 다른 상황이었으면 전혀 유머가 되지 않을 내용이 바로 그 상황이기 때문에 유머가 되는 것이다. 그러므로 상황을 공유하지 못하면 소크라테스의 유언을 이해할 수가 없다. 소크라테스의 유언만을 가지고 그의 유언을 해석할 수 없는 이유가 바로 여기에 있다.

그렇다면 그 자리에 없었던 우리들은 소크라테스의 유언을 영영 이해할 수 없는 것이 아닌가? 천만다행으로 천재적이고 지능적인 플라톤은, 유머러스한 아이큐는 높지만 유머러스한 이큐는 부족한 자신의 스타일을 반영하듯, 소크라테스의 최후를 다룬 대화편 〈파이돈〉에 스승이 한 유언의 의미를 풀 수 있는 단서를 멀찌감치 기록해 두었다. 그것은 소크라테스가 사형을 당하던 바로 그날 오후에 있었던 크리톤과의 대화에서 비롯됐다. 그랬기 때문에 소크라테스는 크리톤을 지목해서 유언을 남겼다. 그렇지 않고 그것이 파이돈이나 다른 누군가와의 대화였다면 소크라테스는 분명 파이돈이나 다른 누군가를 지목해 유언을 남겼을 것이다.

소크라테스가 사형을 당하던 날 오후 들어 운명의 시간을 반영하듯 그와 면회객들은 영혼이 존재하며, 영혼이 불멸한다는 주제로 여느 때와 다름없이 철학적인 토론에 들어가려 한다. 그때 크리톤과 소크라테스가 나눈 대화에 주목할 필요가 있다.

"그런데 아까부터 크리톤이 내게 무슨 말을 하려는 모양인데, 들어보세."

크리톤은 얼굴이 벌개졌다.

"저기, 독약을 담당하는 간수가 그러는데 자네더러 오늘만큼은 말을 많이 하지 말라네. 그러다 흥분하면 독약이 잘 안 받는다는 거야. 그럼 독약을 두 잔이고, 석 잔이고 마셔야 할지 모른다는군."

이건 대화를 하지 말라는 얘기 같기도 하고, 죽어야 할 친구에게 잘 죽어야 하지 않느냐고 말하는 것 같기도 해 크리톤으로서는 영 찜찜했을 것이다. 그러나 소크라테스는 전혀 개의치 않았다.

"신경 쓰지 말게. 그럼 두 잔이고 석 잔이고 마시면 될 거 아닌가."

하지만 나중에 저녁이 되어 막상 소크라테스가 독약을 마셔보니 치사량은 한 잔으로 충분했다. 더 마실 필요가 없었던 것이다. 독이 혈관을 타고 거의 심장을 파고들려는 순간, 그 찰나에도 삶에 대한 다정함을 주체할 수 없었던지 소크라테스는 자신의 몸을 덮었던 보를 걷어내고 크리톤을 불렀다. 크리톤이 낮에 했던 말이 떠올랐던 것이다. 그래 친구의 걱정을 불식시켜 주고자 소크라테스는 한마디 했다.

"이봐 크리톤, 두 잔, 석 잔까지 마실 필요도 없어. 한 잔으로도 약발이 충분한데, 그래."

이 자체만 해도 듣는 사람에게는 이미 유머다. 하지만 소크라테스는 유머를 사용할 때 이런 직설적인 방법보다는 의미를 함축시켜 뜬금없이 툭 던지는 스타일이다. 직설적인 유머가 즉각적인 웃음을 자아내는 것이라면 의미가 함축된 유머는 뇌관이 터졌을 경우 곱절의 폭소를 자아낸다. 그래 소크라테스는 절정의 유머를 구사하며 이렇게 말했다.

"이보게 크리톤. 우리는 아스클레피오스에게 닭 한 마리를 빚졌네. 잊지 말고 갚아 주게나."

아스클레피오스는 모든 약을 만든 의술의 신이다. 심지어 그는 독약까지도 만들었다. 약이 사람을 낫게 하는 것이라면 독약은 사람을 죽게 하는 것이다. 좋은 약이 사람을 잘 낫게 하는 것이라면, 좋은 독약은 사람을 잘 죽게 하는 것이다. 그런데 의술의 신 아스클레피오스께서 얼마나 약을 잘 지었으면 이렇게 단방에 죽겠는가. 두세 잔을 마실지 모른다고 걱정한 자네나 두세 잔을 마시지 않게 된 나는 그에게 감사해야 하네. 그러니 잊지 말고 아스클레피오스에게 꼭 닭 한 마리를 갖다 바치게. 빚은 내가 졌지만 갚기는 자네가 갚아도 될 빚 아니겠나. 소크라테스의 유언은 바로 이러한 의미가 함축된 유머인 것이다. 이 말을 들은 크리톤과 감방에 있었던 사람들이 웃었는지 어땠는지는 알 수가 없다. 어쨌든 크리톤은 황당했을 것이다. 한 마디로 크리톤의 딜레마다.

유머로 유언을 남기며 유종의 미를 거둔다? 참으로 소크라테스다운 면모다. 소크라테스는 천부적으로 유머 감각을 타고난 사람이었다. 만약 소크라테스가 그토록 해학적인 사람이 아니었다면 그의 유언은 이대로 매장됐을지 모른다. 그가 그토록 놀라운 유머 감각을 소유했다는 사실이 바로 그의 유언을 풀 수 있는 결정적인 열쇠가 되었다. 2천 5백 년 동안 구구했던 소크라테스의 유언이 마침내 웃게 된 것일까?

소크라테스는 살아 있는 동안 단 한 번도 자신의 정체성을 잃지 않았던 사람처럼 보인다. 그는 죽는 순간까지 남들에게 웃음을 선사하고 떠났다. 그것은 영혼의 불멸을 확신하며 자신이 원하는 고양된 정신세계로 간다는 분명한 자신감에서 나온 행동인 것이다. 그렇게 함으로써 소크라테스는 철학은 죽음을 수양하는 것이라는 자신의 사상을 유감없이 보여주었다. 더 무슨 말을 하겠는가. 유사 이래 유언을 유머로 구사한 사람이 또 있는지는 모르겠지만 소크라테스는 그런 사람이었다. 이것이 그의 생과 철학에 대해 돌고 있는 여러 가지 의혹과 의문을 불식시키는 데 도움이 될지도 모르겠다. 이처럼 해학적이고 유머러스한 인물에게 철학의 체계가 뭐가 그리 중요할 것이며, 정당한 언로를 통해 민주정을 비판한 것이 뭐 그리 비난받을 일인가. 소크라테스가 말했던 것처럼 삶의 역사는 사후의 세계에서 평가받는 것인지 모른다.

    그의 영혼은 떠나고 죽음만이 남았지만, 우리는 오늘도 무심하고 무표정한 사람들 틈에서 간혹 지혜와 유머로 인해 그 영혼이 빛나는 사람과 마주칠 때가 있다. 그럼 물어보자.

"혹, 소크라테스 아닙니까?"

유언을 남긴 사람들 ❶

소크라테스의
유언은
유머였다

초판 1쇄 발행 2022년 8월22일

발행일 2022년 8월22일

지은이 최동훈

출판사 공간

ISBN 979-11-966265-3-2(03190)

판매가 6,000원

이책은 저작권법에 따라 보호를 받는 저작물이므로 무단전재돠 복재를 금하며, 이 책 내용의 전체 또는 일부를 사용하려면 반드시 저작권자의 서면 동의를 받아야 합니다.